SUEÑOS DEL FUTURO

Asfalto Inteligente y Levitación Magnética

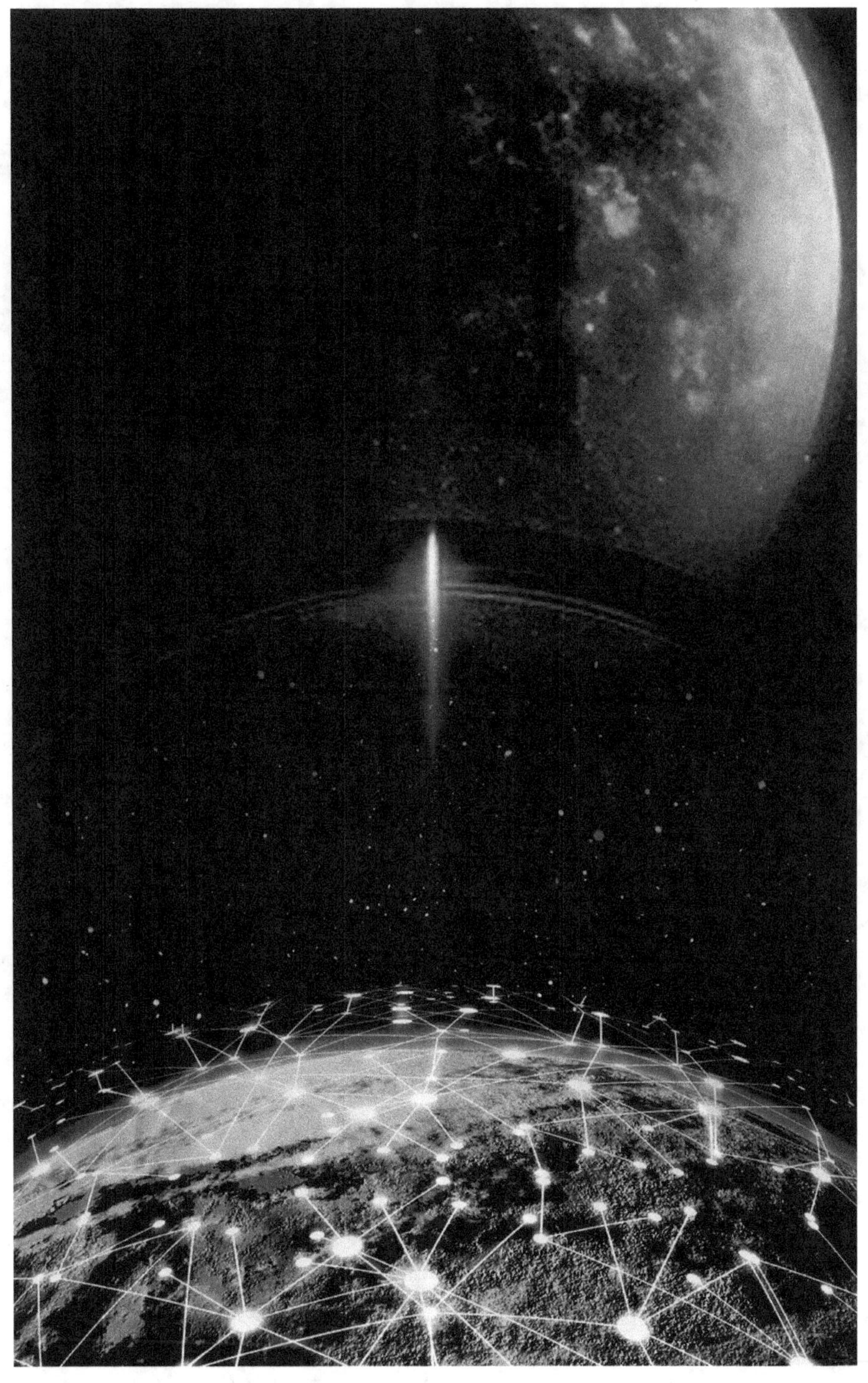

Prólogo

En la encrucijada de la innovación y la necesidad, surge un proyecto que desafía las barreras convencionales de la infraestructura vial. El asfalto inteligente y la levitación magnética se alzan como titanes, no solo como soluciones pragmáticas sino como heraldos de un nuevo capítulo en la saga de la movilidad humana.

Este no es solo un relato de tecnologías avanzadas, sino un testimonio del coraje humano para trascender los límites conocidos. El asfalto inteligente, con sus sensores perspicaces y su capacidad para transformar datos en conocimiento, emerge como un faro que guía hacia un futuro donde la seguridad, eficiencia y sostenibilidad convergen.

A su lado, la levitación magnética, un acto de desafío a la gravedad misma, redefine nuestra percepción del viaje. Entre ambos, no solo hay carreteras que piensan y suelos que elevan, sino la epopeya de una humanidad que se niega a estancarse.

Atravesemos juntos las páginas de este relato, donde cada palabra es un paso hacia un horizonte donde el progreso y la imaginación bailan un tango eterno. La revolución está en marcha, y en cada molécula de asfalto y magnetismo, palpita el pulso de un mañana que reclama su lugar en el escenario de la historia. ¡Bienvenidos a una era donde el pavimento y la levitación se funden en un sueño tangible de avance y grandeza!

Durante mi tiempo en el Instituto Tecnológico de Sistemas de Seguridad Network en Barcelona, me sumergí en un mundo de conocimiento y desafíos. Cada línea de código y cada clase impartida fueron los cimientos de mi dedicación a buscar respuestas en el vasto campo de la tecnología. Entre las luces vibrantes de Barcelona, consolidé mi compromiso con la exploración de soluciones innovadoras.

Palabras del autor

En las profundidades de la noche, me sumergí en un sueño revelador que me transportó a un futuro tan asombroso como surrealista. En este mundo onírico, el asfalto cobraba vida, tejiendo su propia narrativa inteligente. El suelo, imbuido de una fuerza magnética, desafiaba la gravedad, y la levitación se convertía en la danza cotidiana de todos. Las sombras de los combustibles fósiles eran solo un recuerdo lejano, eclipsadas por la pureza de un entorno sin emisiones contaminantes.

Caminaba por calles donde la tecnología del asfalto inteligente trascendía sus límites, comunicándose con cada paso y vehículo que se aventuraba en su superficie. La armonía entre la naturaleza y la innovación mecánica era visible, como si el tejido mismo de la realidad estuviera impregnado de inteligencia.

Desperté, abrumado por la visión utópica que se desvanecía en la luz de la mañana. Mi mente aún resonaba con las imágenes de un futuro donde el asfalto era el maestro de la movilidad y la levitación, una realidad que, por desgracia, estaba más allá de los límites de nuestra era. Este libro es mi intento de compartir ese sueño, de traducir las vibraciones de un futuro utópico en palabras tangibles. Aunque el asfalto inteligente y la levitación magnética aún son un susurro en las páginas de la realidad, quizás, a través de esta narrativa, podamos entrever un atisbo de lo que podría ser nuestro porvenir.

En teoría, es posible utilizar aditivo conductivo en la composición del asfalto para crear circuitos eléctricos que puedan comunicarse con dispositivos electrónicos como coches inteligentes. Algunas aplicaciones potenciales incluyen la creación de carriles inteligentes que puedan cargar vehículos eléctricos mientras se mueven, o la detección de la presencia de vehículos en áreas específicas de la carretera.

Sin embargo, hay varios desafíos técnicos y prácticos que deben superarse para hacer realidad esta idea. Por ejemplo, sería necesario asegurarse de que el asfalto inteligente se mantenga en buen estado a pesar del tráfico intenso y las condiciones climáticas variables, y que los coches inteligentes puedan detectar y responder adecuadamente a la señal emitida por los circuitos eléctricos en la carretera.

Marcelo Zambrano Puertas

Capitulo 1
Desarrollo Científico del Asfalto Inteligente

El objetivo principal de esta investigación es desarrollar un asfalto inteligente que supere las limitaciones actuales en términos de resistencia al desgaste, impacto ambiental y capacidad de autorreparación. Se busca innovar en la formulación del asfalto, incorporando tecnologías avanzadas para optimizar su rendimiento y sostenibilidad, contribuyendo así al mejoramiento de la infraestructura vial.

1. Investigar y analizar las propiedades físicas y químicas del asfalto convencional para identificar sus limitaciones y mejoras.
2. Explorar tecnologías emergentes, como nanomateriales y aditivos inteligentes, para mejorar la resistencia al desgaste y la durabilidad del asfalto.
3. Evaluar el impacto ambiental del proceso de fabricación, aplicación y mantenimiento del asfalto, proponiendo medidas para reducir la huella de carbono y fomentar la sostenibilidad.
4. Desarrollar formulaciones experimentales de asfalto inteligente, utilizando metodologías científicas para caracterizar y validar sus propiedades mejoradas.

5. Establecer protocolos de prueba y evaluación para medir la capacidad de autorreparación del asfalto inteligente en condiciones simuladas y reales.
6. Analizar la viabilidad económica de la producción y aplicación a gran escala del asfalto inteligente, considerando los costos iniciales, beneficios a largo plazo y posibles ahorros en mantenimiento vial.
7. Definir pautas de aplicación específicas para el asfalto inteligente en diversos contextos, como carreteras de alto tráfico, zonas urbanas y climas adversos.
8. Investigar y proponer estrategias de implementación y aceptación por parte de las autoridades gubernamentales, la industria de la construcción y la comunidad en general.

Se empleará una metodología científica que combine experimentación de laboratorio, pruebas de campo y modelado computacional. Se realizarán análisis exhaustivos de las propiedades físicas, químicas y mecánicas del asfalto convencional y de las formulaciones experimentales. Además, se llevarán a cabo estudios de ciclo de vida y análisis de costos para evaluar la sostenibilidad y viabilidad económica.

- Desarrollo de formulaciones de asfalto inteligente con mejor resistencia al desgaste, capacidad de autorreparación y menor impacto ambiental.
- Establecimiento de estándares y protocolos para la aplicación y evaluación del asfalto inteligente.
- Contribución a la reducción de costos de mantenimiento vial a largo plazo.
- Aportes significativos a la sostenibilidad y ecoeficiencia en la construcción de carreteras.
- Transferencia de conocimientos y tecnologías a la industria de la construcción y a las autoridades gubernamentales.

Este proyecto busca no solo mejorar las propiedades técnicas del asfalto, sino también abordar preocupaciones medioambientales y económicas asociadas con la construcción y mantenimiento de carreteras. El éxito de esta investigación puede tener un impacto significativo en la infraestructura vial a nivel mundial, promoviendo la adopción de prácticas más sostenibles y eficientes.

Revisión Bibliográfica Científica sobre Asfalto Inteligente Avances, Limitaciones y Desafíos Actuales

La creación del asfalto inteligente ha sido objeto de atención en la investigación científica y la ingeniería de materiales en los últimos años. La revisión bibliográfica se centra en identificar los avances más recientes, las tecnologías emergentes y las limitaciones existentes en el desarrollo de asfaltos inteligentes.

1. Materiales y Tecnologías Utilizadas

1.1. Nanomateriales: La introducción de nanomateriales en la formulación del asfalto ha sido un área de interés destacada. Partículas nanoescala, como nanopartículas de sílice y nanotubos de carbono, han mostrado mejorar la resistencia mecánica y la durabilidad del asfalto. Estudios han demostrado que la dispersión adecuada de nanomateriales puede mejorar las propiedades del asfalto, como su resistencia al agrietamiento y fatiga.

1.2. Aditivos Inteligentes: La inclusión de aditivos inteligentes, como polímeros termo-reversibles y materiales activados por estímulos externos, ha surgido como una estrategia para mejorar la capacidad de autorreparación del asfalto. Estos aditivos pueden reaccionar ante daños menores, restaurando la integridad del pavimento y prolongando su vida útil.

2. Limitaciones de los Asfaltos Convencionales

2.1. Desgaste y Fatiga: La revisión de estudios ha resaltado las limitaciones asociadas con el desgaste y fatiga del asfalto convencional, especialmente en áreas de tráfico intenso. El agrietamiento y la deformación son problemas recurrentes que afectan la durabilidad y la seguridad vial.

2.2. Impacto Ambiental: Los procesos de producción y aplicación de asfalto convencional contribuyen significativamente a las emisiones de gases de efecto invernadero. La revisión subraya la necesidad de abordar el impacto ambiental mediante la adopción de prácticas más sostenibles y la reducción de la huella de carbono.

3. Desafíos Actuales

3.1. Integración de Tecnologías: La integración eficiente de tecnologías como nanomateriales y aditivos inteligentes plantea desafíos en términos de uniformidad en la mezcla y estabilidad a largo plazo. La revisión destaca la importancia de optimizar las proporciones y métodos de mezcla para garantizar un desempeño consistente.

3.2. Evaluación de Costos y Beneficios: La revisión bibliográfica indica la falta de estudios integrales sobre la viabilidad económica del asfalto inteligente a gran escala. Se requiere una evaluación exhaustiva de los costos iniciales, los beneficios a largo plazo y los ahorros potenciales en mantenimiento vial.

4. Áreas que Necesitan Más Investigación

4.1. Caracterización a Nivel Molecular: A pesar de los avances, la comprensión detallada de las interacciones moleculares entre los componentes del asfalto inteligente y los efectos a nivel microestructural es un área que requiere más investigación.

4.2. Impacto Ambiental Integral: Se necesita una evaluación más completa del impacto ambiental, considerando no solo la fase de producción, sino también el ciclo de vida completo del asfalto, desde la fabricación hasta la disposición final.

Requisitos para el Desarrollo de Asfalto Inteligente
Durabilidad, Autorreparación y Sostenibilidad Energética

- Durabilidad: El asfalto inteligente debe cumplir con requisitos excepcionales de durabilidad para resistir las tensiones mecánicas y ambientales a las que se ve sometido en entornos viales. Se requiere una vida útil extendida y la capacidad de mantener sus propiedades estructurales en condiciones climáticas adversas y en presencia de cargas de tráfico pesado. Las propiedades mecánicas, como la resistencia a la fatiga y al agrietamiento, deben ser mejoradas significativamente en comparación con los asfaltos convencionales.

- Capacidad de Autorreparación: El asfalto inteligente debe poseer una capacidad de autorreparación eficiente para abordar daños superficiales y fisuras menores. Se busca la integración de tecnologías como aditivos termoplásticos reversibles o sistemas basados en nanomateriales que permitan la restauración automática de la integridad estructural del pavimento. La autorreparación deberá ser activada por estímulos externos, como cambios de temperatura o la presencia de agua, asegurando una respuesta rápida y efectiva ante los daños.

- Capacidad de Absorción de Energía Solar: Con el objetivo de contribuir a la sostenibilidad energética, el asfalto inteligente debe ser capaz de absorber energía solar de manera eficiente. La inclusión de materiales fotovoltaicos o tecnologías que aprovechen la radiación solar para generar energía eléctrica será prioritaria. La eficiencia en la conversión de energía solar deberá ser optimizada, considerando factores como la resistencia mecánica y la durabilidad del sistema fotovoltaico integrado.

- Capacidad de Generación de Energía: Además de la absorción de energía solar, el asfalto inteligente debe tener la capacidad de generar energía de manera activa. Esto implica la integración de sistemas de generación de energía, como células solares flexibles, que no solo absorban la radiación solar, sino que también la transformen en electricidad utilizable. Se requerirá una eficiente gestión de la energía generada para su almacenamiento y posible conexión a la red eléctrica.

- Resistencia Química y Ambiental: El asfalto inteligente debe exhibir una resistencia sobresaliente a los agentes químicos presentes en el entorno vial, como combustibles, aceites y solventes. Además, debe ser capaz de resistir la degradación causada por factores ambientales como la radiación UV, la lluvia ácida y la variación de temperaturas. La formulación del asfalto deberá ser diseñada para minimizar la degradación química y estructural a lo largo del tiempo.

- Compatibilidad con Métodos de Aplicación Convencionales: A pesar de sus propiedades avanzadas, el asfalto inteligente debe ser compatible con los métodos convencionales de construcción y mantenimiento de carreteras. La aplicación y manipulación del material deberán realizarse utilizando equipos y técnicas estándar en la industria vial, facilitando su implementación a nivel práctico.

- Monitorización y Diagnóstico Integrados: El asfalto inteligente deberá incorporar sistemas de monitorización y diagnóstico integrados que permitan la evaluación continua de su estado estructural, así como la detección temprana de posibles daños. Sensores inteligentes y tecnologías de monitoreo en tiempo real serán esenciales para recopilar datos relevantes sobre la condición del pavimento y permitir intervenciones proactivas.

Materiales para el Desarrollo de Asfalto Inteligente
Optimización de Propiedades y Viabilidad Económica

1. Nanomateriales para Mejora de Propiedades Mecánicas: La introducción de nanopartículas de sílice, nanotubos de carbono y nanofibras en el asfalto ha demostrado mejorar sus propiedades mecánicas. Estos nanomateriales refuerzan la matriz asfáltica, aumentando la resistencia al desgaste y a la fatiga. Investigaciones sugieren que la dispersión adecuada de nanomateriales puede optimizar la adhesión entre las partículas de asfalto, mejorando así la durabilidad del pavimento.

2. Aditivos Poliméricos para Autorreparación: La inclusión de aditivos poliméricos termo-reversibles se presenta como una estrategia prometedora para lograr la autorreparación del asfalto inteligente. Estos polímeros tienen la capacidad de revertir sus propiedades mecánicas después de sufrir daños, facilitando la restauración de la integridad del pavimento. La elección de polímeros específicos debe considerar su capacidad de reacción a cambios de temperatura y su compatibilidad con la matriz asfáltica.

3. Tecnologías Fotovoltaicas Flexibles: La absorción y generación de energía solar pueden lograrse mediante la incorporación de tecnologías fotovoltaicas flexibles, como células solares orgánicas o materiales fotoactivos. Estos materiales permiten que el asfalto inteligente no solo absorba la radiación solar, sino que también convierta eficientemente la luz en electricidad. Se deben considerar aspectos como la flexibilidad, resistencia a la intemperie y eficiencia de conversión de estas tecnologías fotovoltaicas.

4. Compuestos Químicos Resistentes: Para abordar la resistencia química y ambiental, se deben identificar compuestos químicos resistentes a la degradación por agentes como combustibles, aceites y solventes. Investigar polímeros específicos y modificadores de asfalto que presenten una mayor resistencia a la corrosión química y a los efectos de la radiación UV contribuirá a la durabilidad del asfalto inteligente en condiciones adversas.

5. Sensores y Materiales de Monitorización Integrados: La integración de sensores inteligentes y materiales de monitorización en el asfalto inteligente permitirá una evaluación continua de su condición estructural. Se deben identificar sensores robustos y ligeros, como fibras ópticas o nanosensores, que puedan integrarse sin comprometer la integridad del pavimento. Además, se requerirá la selección de materiales compuestos que sean compatibles con la integración de estos dispositivos sin afectar la funcionalidad estructural del asfalto.

6. Evaluación de Costo y Disponibilidad: Es crucial considerar la disponibilidad y el costo de los materiales seleccionados para garantizar la viabilidad económica del asfalto inteligente. Se deben evaluar los costos iniciales de producción y aplicación, así como la posibilidad de reducción de costos a largo plazo debido a una menor necesidad de mantenimiento vial. La accesibilidad y sostenibilidad de los materiales en el mercado también deben ser criterios clave en la selección.

Diseño Científico de Pruebas para Evaluar el Desempeño del Asfalto Inteligente en Diferentes Condiciones de Uso

1. Resistencia al Desgaste en Laboratorio

1.1 Ensayo de Abrasión por Micro Deval: Este ensayo evaluará la resistencia al desgaste del asfalto inteligente bajo condiciones simuladas de tráfico. Se someterán muestras a la acción de partículas abrasivas en un tambor rotativo, midiendo la pérdida de masa y la rugosidad para determinar la durabilidad.

1.2 Ensayo de Fatiga Dinámica: Se realizarán pruebas de fatiga dinámica en laboratorio para simular el estrés cíclico experimentado por el asfalto en condiciones de tráfico intenso. Este ensayo ayudará a evaluar la capacidad del asfalto para resistir el agrietamiento por fatiga.

2. Absorción de Energía Solar

2.1 Análisis Espectral de Reflectancia: Para evaluar la capacidad de absorción de energía solar, se utilizará un análisis espectral de reflectancia. Las muestras de asfalto se expondrán a radiación solar simulada, midiendo la reflectancia espectral para determinar la eficiencia de absorción de energía.

2.2 Evaluación de Generación de Energía: Se instalarán células fotovoltaicas flexibles en secciones de asfalto inteligente para medir la cantidad de energía generada. Estas pruebas se llevarán a cabo bajo condiciones de luz solar variable para evaluar la capacidad de generación de energía en situaciones prácticas.

3. Pruebas de Durabilidad en Campo

3.1 Evaluación de la Capacidad de Autorreparación: En áreas de prueba seleccionadas, se inducirán daños menores en el pavimento, como fisuras superficiales. El monitoreo continuo permitirá evaluar la capacidad de autorreparación del asfalto inteligente en condiciones de uso real y exigente.

3.2 Resistencia Bajo Condiciones Climáticas Extremas: El asfalto inteligente se someterá a pruebas en campo en diferentes regiones climáticas para evaluar su comportamiento bajo condiciones extremas, como temperaturas extremadamente altas o bajas, lluvias intensas y ciclos de congelación/descongelación.

4. Monitoreo Continuo en Situ

4.1 Sensores Integrados para Evaluación Estructural: Se instalarán sensores integrados en secciones de asfalto inteligente para monitorear continuamente la condición estructural y detectar posibles daños. La información recopilada se utilizará para evaluar la durabilidad y rendimiento a largo plazo.

4.2 Recopilación de Datos de Tráfico y Uso: Se utilizarán sistemas de monitoreo de tráfico y condiciones climáticas para recopilar datos en tiempo real sobre el tráfico, cargas vehiculares y variaciones ambientales. Estos datos proporcionarán información contextual para la interpretación de los resultados de las pruebas.

5. Evaluación de la Interacción con Otros Materiales

5.1 Evaluación de la Adherencia con Pavimentos Adyacentes: Se llevarán a cabo pruebas para evaluar la adherencia del asfalto inteligente con pavimentos adyacentes, considerando diferentes tipos de materiales utilizados en la construcción de carreteras. Esto garantizará la compatibilidad y seguridad en la interfaz.

5.2 Evaluación de la Interacción con Neumáticos: Se simulará la interacción con neumáticos mediante ensayos específicos que evalúen la resistencia a la abrasión y el desgaste causado por el contacto directo con vehículos en movimiento.

Integración de Materiales y Optimización del Diseño

Composición del Aditivo Inteligente: En base a los resultados de la revisión bibliográfica y las pruebas de laboratorio, se procederá a la formulación del aditivo inteligente. Este aditivo deberá contener nanomateriales para mejorar la resistencia mecánica, aditivos poliméricos termo-reversibles para la capacidad de autorreparación, y tecnologías fotovoltaicas flexibles para la absorción y generación de energía solar.

Enfoque Iterativo en el Desarrollo: La naturaleza iterativa del proceso de desarrollo implica ajustes continuos en la formulación del asfalto inteligente a medida que se obtengan nuevos datos de pruebas y retroalimentación. La colaboración interdisciplinaria de expertos en ingeniería de materiales, química, física y otras disciplinas será esencial para optimizar el rendimiento del asfalto.

Interacción de Materiales: Se llevarán a cabo estudios detallados sobre la interacción entre los componentes del asfalto inteligente y el aditivo inteligente. La compatibilidad y estabilidad a largo plazo de la mezcla serán investigadas para garantizar la cohesión y durabilidad del pavimento.

Alteración de Propiedades del Asfalto: Se evaluará cómo la adición de nuevos componentes afecta las propiedades inherentes del asfalto convencional. Esto incluirá pruebas específicas para determinar cambios en la viscosidad, la capacidad de compactación y la resistencia a la deformación, asegurando que el asfalto inteligente mantenga un comportamiento adecuado para su aplicación en carreteras.

Consideración de Limitaciones del Aditivo Inteligente: Las posibles limitaciones del aditivo inteligente, como su degradación con el tiempo o su respuesta a condiciones climáticas extremas, serán objeto de un análisis detallado. Se buscarán soluciones para mitigar estas limitaciones y garantizar un desempeño consistente en diversas situaciones.

Aplicación de una Red Conductiva: La aplicación de una red conductiva en la base del asfalto inteligente será considerada para mejorar la capacidad de generación de energía y permitir la integración de sistemas de monitoreo en tiempo real. Esta red facilitará la transmisión de datos y energía a lo largo del pavimento, optimizando así su funcionalidad.

Pruebas Piloto en Escala Real: Una vez desarrollado el asfalto inteligente en laboratorio, se procederá a pruebas piloto en escala real en entornos controlados y, posteriormente, en carreteras reales. Esto permitirá evaluar el rendimiento del asfalto en condiciones de uso práctico y recopilar datos valiosos para futuras optimizaciones.

Monitoreo Continuo y Mejoras: La instalación de sistemas de monitoreo continuo en las secciones de asfalto inteligente permitirá la recopilación de datos en tiempo real sobre su comportamiento estructural y la generación de energía. Los resultados de este monitoreo informarán ajustes y mejoras continuas en el diseño del asfalto inteligente.

Análisis y Retroalimentación Iterativa

Análisis de Resultados de Pruebas: Se llevará a cabo un análisis exhaustivo de los resultados obtenidos de las pruebas de laboratorio y campo. Este análisis incluirá la evaluación de parámetros clave como resistencia al desgaste, capacidad de autorreparación, absorción de energía solar, generación de energía, durabilidad estructural y comportamiento bajo diversas condiciones climáticas y de tráfico.

Comparación con Requisitos Definidos: Los resultados serán comparados con los requisitos previamente definidos para el asfalto inteligente. Cada parámetro medido se evaluará en función de los estándares establecidos en la fase inicial del proyecto, asegurando que el pavimento cumpla con los objetivos generales y específicos de la investigación.

Identificación de Áreas de Mejora: En caso de que el asfalto inteligente no cumpla con algunos de los requisitos o expectativas, se identificarán claramente las áreas de mejora. Esto podría incluir ajustes en la composición del aditivo inteligente, modificaciones en la formulación del asfalto o implementación de estrategias adicionales para abordar limitaciones específicas.

Retroalimentación Iterativa: Siguiendo un enfoque iterativo, se volverá a la etapa de desarrollo para realizar ajustes y mejoras según la retroalimentación obtenida. Los cambios propuestos se basarán en análisis científicos sólidos, considerando la interacción de los materiales, las propiedades del aditivo inteligente y la respuesta del asfalto a diferentes condiciones.

Colaboración Multidisciplinaria: La colaboración continua de expertos en diferentes disciplinas, como ingeniería de materiales, química, física e ingeniería civil, será esencial para abordar los desafíos identificados y garantizar soluciones científicamente fundamentadas.

Pruebas Piloto Adicionales: Se podrían llevar a cabo pruebas piloto adicionales con las mejoras implementadas para validar la eficacia de los ajustes realizados. Esto proporcionará datos adicionales para confirmar el rendimiento mejorado del asfalto inteligente en condiciones más representativas.

Evaluación de Sostenibilidad y Viabilidad Económica: La evaluación de resultados no solo se limitará al rendimiento técnico, sino que también se extenderá a consideraciones de sostenibilidad y viabilidad económica. Se analizarán aspectos como la reducción de costos de mantenimiento vial a largo plazo, el impacto ambiental y la aceptación por parte de las autoridades y la industria de la construcción.

Documentación y Comunicación de Resultados: Los resultados, ajustes realizados y lecciones aprendidas se documentarán de manera exhaustiva. La comunicación de estos hallazgos será clave para compartir conocimientos, facilitar la replicabilidad y contribuir al avance del campo del asfalto inteligente.

Integración de Tecnologías Avanzadas

Composición del Asfalto Inteligente: El asfalto inteligente es un material de construcción diseñado con una composición avanzada que va más allá de los elementos convencionales del asfalto. Incorpora una mezcla de materiales innovadores, que pueden incluir nanomateriales, aditivos poliméricos, tecnologías fotovoltaicas y sensores inteligentes. Estos componentes se seleccionan cuidadosamente para mejorar las propiedades mecánicas, la durabilidad y la capacidad de respuesta del asfalto inteligente.

Tecnologías de Respuesta: El asfalto inteligente utiliza tecnologías de respuesta para adaptarse a diferentes estímulos ambientales y de tráfico. Estas tecnologías pueden ser activadas por cambios en la temperatura, la humedad, la carga del tráfico, la radiación solar u otros factores específicos. Por ejemplo, aditivos poliméricos termo-reversibles pueden autorreparar grietas cuando se activan por cambios térmicos, mientras que tecnologías fotovoltaicas pueden generar energía en respuesta a la radiación solar.

Autorreparación y Resistencia al Desgaste: Uno de los aspectos clave del asfalto inteligente es su capacidad de autorreparación. Los aditivos poliméricos termo-reversibles permiten que el asfalto repare automáticamente pequeñas fisuras y grietas que puedan formarse debido al desgaste y la fatiga del material. Esto mejora significativamente la durabilidad del pavimento y reduce la necesidad de mantenimiento frecuente.

Absorción de Energía Solar y Generación de Energía: El asfalto inteligente puede incorporar tecnologías fotovoltaicas flexibles que absorben la radiación solar y la convierten en energía eléctrica. Esta capacidad de generación de energía contribuye a la sostenibilidad y puede ser utilizada para alimentar sistemas de iluminación vial, señalización o cargar vehículos eléctricos.

Sensores Inteligentes para Monitoreo Continuo: La integración de sensores inteligentes en el asfalto permite el monitoreo continuo de su condición estructural y ambiental. Estos sensores pueden detectar cambios en la temperatura, la humedad, la carga del tráfico y otros factores relevantes. La información recopilada se utiliza para evaluar el estado del pavimento en tiempo real y anticipar posibles problemas.

Adaptabilidad a Condiciones Climáticas y de Tráfico: El asfalto inteligente se adapta dinámicamente a las condiciones climáticas y de tráfico. Puede modificar sus propiedades mecánicas en respuesta a cambios de temperatura, redistribuir la carga de tráfico para minimizar el desgaste y ajustar la absorción de energía solar según la intensidad de la radiación.

Interacción con Pavimentos Adyacentes y Neumáticos: El asfalto inteligente se diseña para interactuar de manera eficiente con otros materiales de pavimento adyacentes y con los neumáticos de los vehículos.

Se busca optimizar la adherencia, reducir la resistencia al rodamiento y mejorar la seguridad vial al proporcionar un pavimento más resistente y adaptativo.

Red Conductiva para Comunicación y Energía: La aplicación de una red conductiva en la base del asfalto inteligente facilita la transmisión de datos entre sensores y sistemas de monitoreo, así como la distribución eficiente de la energía generada por las tecnologías fotovoltaicas a lo largo del pavimento.

Conclusiones Científicas: El asfalto inteligente representa un avance significativo en la ingeniería de materiales y la tecnología vial. Su funcionamiento se basa en la integración de materiales avanzados y tecnologías de respuesta, proporcionando un pavimento adaptable, duradero y sostenible que responde dinámicamente a las condiciones cambiantes del entorno vial.

Características del Asfalto Inteligente
Avances Tecnológicos para un Rendimiento Mejorado

1. Capacidad de Autorreparación

La capacidad de autorreparación del asfalto inteligente se logra mediante la incorporación de aditivos poliméricos termo-reversibles. Estos polímeros tienen la propiedad única de revertir sus propiedades mecánicas cuando se someten a cambios de temperatura. Pequeñas grietas y agujeros en la superficie del pavimento pueden cerrarse automáticamente, restaurando la integridad del asfalto sin intervención humana.

2. Mayor Durabilidad

El diseño del asfalto inteligente se enfoca en mejorar la durabilidad del pavimento frente a las condiciones adversas. La inclusión de nanomateriales y aditivos específicos refuerza la matriz asfáltica, reduciendo la propagación de grietas y mejorando la resistencia a la fatiga causada por el tráfico continuo. Esta mayor durabilidad reduce la necesidad de mantenimiento frecuente y prolonga la vida útil del pavimento.

3. Mayor Resistencia al Agua

Para mejorar la resistencia al agua, el asfalto inteligente puede incorporar tecnologías hidrofóbicas. Estas tecnologías repelen el agua,

25

evitando la acumulación de charcos en la superficie de la carretera. La repelencia al agua no solo mejora la seguridad vial al reducir el riesgo de aquaplaning, sino que también contribuye a prevenir la infiltración de agua que puede dañar la estructura del pavimento.

4. Mayor Eficiencia Energética

La eficiencia energética del asfalto inteligente se logra mediante la incorporación de tecnologías fotovoltaicas flexibles en la superficie. Estas tecnologías capturan la energía solar y la convierten en electricidad, que puede utilizarse para alimentar sistemas de iluminación vial, señalización o cargar vehículos eléctricos. Al reducir la dependencia de fuentes externas de energía, el asfalto inteligente contribuye a la sostenibilidad y eficiencia energética de la infraestructura vial.

5. Regulación Térmica

El asfalto inteligente puede regular la temperatura de la superficie de la carretera de manera más eficiente. Esto se logra mediante la capacidad de absorber y retener la radiación solar, así como la modificación de sus propiedades térmicas. Una temperatura de superficie controlada no solo mejora la comodidad para los usuarios de la carretera, sino que también puede reducir la necesidad de calefacción o refrigeración adicional, contribuyendo a la eficiencia energética. El asfalto inteligente representa un avance revolucionario en la ingeniería de materiales y tecnología vial, incorporando diversas tecnologías avanzadas en su composición para mejorar su rendimiento y sostenibilidad.

Materiales Innovadores

En la base del asfalto inteligente se encuentra la integración de materiales innovadores como los Materiales de Cambio de Fase (PCM), polímeros termoplásticos, microcápsulas y nanomateriales. Estos componentes se seleccionan cuidadosamente para fortalecer la estructura del pavimento y proporcionar propiedades únicas.

Capacidad de Autorreparación

La inclusión de polímeros termoplásticos permite que el asfalto inteligente exhiba una asombrosa capacidad de autorreparación. Estos polímeros pueden cambiar de estado sólido a líquido y viceversa en respuesta a cambios de temperatura, llenando eficientemente grietas y manteniendo la integridad estructural del pavimento.

Regulación Térmica y PCM

Para abordar desafíos térmicos, el asfalto inteligente incorpora Materiales de Cambio de Fase (PCM). Estos materiales almacenan y liberan energía térmica, evitando la fusión en climas cálidos y reduciendo el riesgo de agrietamiento en climas fríos. Esto no solo mejora la durabilidad, sino que también contribuye a la eficiencia energética de la infraestructura.

Sensores Integrados

Los avances continúan con la integración de sensores y dispositivos electrónicos en el asfalto inteligente. Estos sensores proporcionan información en tiempo real sobre condiciones como temperatura, humedad, carga del tráfico y la salud estructural del pavimento. Esta capacidad de monitoreo continuo permite tomar decisiones informadas sobre mantenimiento y reparación.

El asfalto inteligente va más allá de mejorar la durabilidad y resistencia del pavimento. La inclusión de tecnologías fotovoltaicas no solo contribuye a la sostenibilidad, sino que también convierte la superficie de la carretera en una fuente de energía renovable, reduciendo la dependencia de fuentes externas de energía. Es una innovación científica que no solo mejora el rendimiento y la durabilidad de las carreteras, sino que también impulsa la sostenibilidad y la eficiencia energética en la infraestructura vial. Este enfoque integral demuestra el poder de la ciencia y la tecnología para abordar desafíos clave en nuestras infraestructuras modernas.

Señalización Vial Incorporada y Navegación GPS

Una aplicación destacada del asfalto inteligente es la integración de señalización vial directamente en la superficie de la carretera. Esta característica mejora la visibilidad y seguridad de la carretera, proporcionando indicaciones visuales claras para los conductores. Además, la capacidad de conexión GPS integrada puede ofrecer una navegación más precisa y eficiente.

Eficiencia Energética y Reducción de Emisiones

El asfalto inteligente contribuye significativamente a la eficiencia energética al reducir la cantidad de energía necesaria para mantener la temperatura de la superficie de la carretera. Este enfoque no solo disminuye los costos operativos, sino que también tiene un impacto positivo en la reducción de emisiones de gases de efecto invernadero, alineándose con objetivos ambientales.

Mejora del Flujo de Tráfico

La capacidad de regular la temperatura de la superficie de la carretera contribuye a mejorar el flujo de tráfico. Al reducir la congestión y aumentar la eficiencia del transporte, el asfalto inteligente se posiciona como una herramienta valiosa para optimizar la movilidad en las carreteras y comunicación.

Ahorro de Costos a Largo Plazo

Uno de los beneficios más destacados es el ahorro a largo plazo. La capacidad de autorreparación y la durabilidad mejorada reducen la necesidad de reparaciones frecuentes, disminuyendo los costos asociados. La minimización de cierres de carreteras para mantenimiento puede mejorar la eficiencia del transporte y reducir costos de interrupción.

Energía Renovable y Sostenibilidad

El asfalto inteligente, también conocido como asfalto fotovoltaico o asfalto permeable, presenta beneficios notables en términos de sostenibilidad. Al generar energía eléctrica a partir de la luz solar, contribuye al impulso global hacia fuentes de energía renovable y reduce la dependencia de combustibles fósiles.

Reducción de la Temperatura y del Ruido

La capacidad de reflejar la luz solar no solo contribuye a la generación de energía sino que también reduce la temperatura de la superficie de la carretera. Este aspecto ayuda a mitigar el fenómeno de isla de calor urbano al disminuir la absorción de calor por parte de las ciudades. Además, el asfalto inteligente puede actuar como un amortiguador acústico, reduciendo el ruido del tráfico y mejorando la calidad del entorno en todos los sentidos.

Desafíos y Consideraciones

A pesar de sus beneficios, el asfalto inteligente presenta desafíos, como su costo superior al asfalto convencional, necesidades de mantenimiento específicas y una durabilidad que aún debe ser completamente probada a largo plazo. Además, la instalación puede ser más compleja, impactando los costos y los plazos de construcción.

Beneficios y Desventajas del Asfalto Inteligente

Beneficios del Asfalto Inteligente

Generación de Energía Renovable
El asfalto inteligente se destaca por su capacidad para generar energía eléctrica a partir de la luz solar. Esta característica es fundamental para impulsar la transición hacia fuentes de energía renovable y reducir la dependencia de combustibles fósiles.

Reducción de la Temperatura Superficial
Al reflejar la luz solar, el asfalto inteligente contribuye a reducir la temperatura de la superficie de la carretera. Este fenómeno no solo mejora la comodidad para los usuarios de la carretera sino que también tiene implicaciones positivas para mitigar el efecto de isla de calor urbano en entornos urbanos.

Reducción del Ruido del Tráfico
La capacidad del asfalto inteligente para absorber el sonido de los vehículos contribuye a la reducción del ruido del tráfico. Esto no solo mejora la calidad del entorno vial, sino que también tiene beneficios para la salud y el bienestar de las comunidades circundantes.

Desventajas y Desafíos

Costo Superior al Asfalto Convencional
El asfalto inteligente tiende a ser más costoso en comparación con el asfalto convencional. Esta diferencia de costos puede limitar su

implementación, especialmente en áreas con presupuestos de construcción limitados.

Necesidades de Mantenimiento Específicas

Aunque el asfalto inteligente presenta capacidades de autorreparación, también requiere un mantenimiento específico, como reparaciones y limpieza periódica. Esto puede aumentar los costos operativos a lo largo del tiempo.

Durabilidad aún por Comprobar a Largo Plazo

La durabilidad del asfalto inteligente aún no ha sido completamente probada a largo plazo. Aunque las capacidades de autorreparación y la resistencia mejorada sugieren una vida útil prolongada, la validación a lo largo del tiempo es esencial.

Complejidad en la Instalación

La instalación del asfalto inteligente puede ser más compleja que la del asfalto convencional. Esta complejidad puede aumentar los costos y retrasar los proyectos de construcción de carreteras.

En conclusión, el asfalto inteligente, con sus beneficios notables y desafíos inherentes, representa una innovación significativa en el ámbito de la construcción de carreteras. A medida que se avanza en la investigación y la implementación, se espera que la tecnología aborde las desventajas actuales y continúe mejorando, ofreciendo soluciones más sostenibles y eficientes para las infraestructuras viales del futuro. En el siguiente capítulo, examinaremos casos de estudio y aplicaciones prácticas del asfalto inteligente en proyectos reales de construcción vial.

Capítulo 2

Sensores en el Asfalto Inteligente

En la búsqueda constante de mejorar la funcionalidad y eficiencia de las infraestructuras viales, la incorporación de sensores en el asfalto inteligente emerge como una solución pionera. Este capítulo se sumerge en el mundo de los sensores y dispositivos electrónicos, explorando su papel fundamental en la transformación del asfalto convencional en una superficie inteligente capaz de adaptarse y responder dinámicamente a las condiciones cambiantes de la carretera.

La Evolución del Asfalto Inteligente

Para elevar el asfalto convencional a un estado inteligente, es esencial trascender su naturaleza estática. La introducción de materiales conductivos y tecnologías electrónicas marca un hito significativo en la ingeniería vial, permitiendo que la carretera no solo sirva como plataforma de transporte, sino como un entorno interactivo y adaptable.

La Importancia de los Sensores

En el corazón de esta transformación se encuentran los sensores, dispositivos capaces de capturar datos del entorno vial, analizar patrones y comunicar información crucial. Estos sensores, cuidadosamente integrados en el asfalto inteligente, desempeñan un papel fundamental en la monitorización en tiempo real, la toma de decisiones informadas y la mejora continua de la infraestructura vial.

Tipos de Sensores Utilizados

Diversos tipos de sensores son esenciales para la funcionalidad integral del asfalto inteligente. Desde sensores de temperatura y humedad hasta sistemas de detección de carga del tráfico, cada componente cumple una función específica en la recopilación de datos precisos y relevantes para la gestión y mantenimiento de la carretera.

Sensores de Temperatura y Humedad

Los sensores de temperatura y humedad son cruciales para comprender las condiciones ambientales y la influencia climática en el asfalto. Esta información facilita ajustes automáticos en la regulación térmica del pavimento y contribuye a la toma de decisiones relacionadas con el mantenimiento.

Sistemas de Detección de Carga del Tráfico

La implementación de sistemas avanzados de detección de carga del tráfico permite monitorear la intensidad y patrones de tráfico en tiempo real. Esto no solo mejora la planificación del flujo vehicular, sino que también contribuye a la prevención de daños estructurales y a la optimización del diseño de la carretera.

Sensores de Desgaste y Estructurales

La evaluación continua del desgaste y la integridad estructural del pavimento es posible gracias a sensores especializados. Estos dispositivos proporcionan información vital para programar intervenciones de mantenimiento preventivo, minimizando la necesidad de reparaciones mayores y prolongando la vida útil del asfalto inteligente.

Perspectivas Científicas

Este capítulo no solo explorará los tipos de sensores utilizados en el asfalto inteligente, sino que también se sumergirá en las investigaciones y desarrollos científicos más recientes en este campo. Desde la miniaturización de sensores hasta la integración de tecnologías emergentes, la ciencia detrás de los sensores en el asfalto inteligente está en constante evolución, ofreciendo perspectivas emocionantes para el futuro de las infraestructuras viales.

Sensores de Temperatura en el Asfalto Inteligente

La integración de sensores de temperatura en el asfalto inteligente marca un avance significativo en la gestión de infraestructuras viales, con un enfoque específico en la detección y alerta temprana de condiciones climáticas adversas. Este análisis científico profundizará en la importancia de estos sensores y su papel crucial en la seguridad vial y la prevención de accidentes.

Principios Científicos de los Sensores de Temperatura: Los sensores de temperatura utilizados en el asfalto inteligente se basan en principios científicos fundamentales para capturar y medir con precisión las variaciones térmicas en la superficie de la carretera. Estos sensores, comúnmente termopares o termoresistencias, generan señales eléctricas proporcionales a la temperatura, permitiendo una monitorización continua.

Detección de Condiciones Adversas: La capacidad de los sensores de temperatura para detectar condiciones climáticas adversas, como la formación de hielo en la carretera, se basa en la comprensión de los cambios en la conductividad térmica del pavimento. Cuando las temperaturas descienden a niveles propensos a la formación de hielo, los sensores registran la disminución de la temperatura superficial y activan alertas automáticas.

Importancia para la Seguridad Vial: La seguridad vial es una preocupación fundamental en la ingeniería de carreteras, y los sensores de temperatura desempeñan un papel crucial al proporcionar información anticipada sobre condiciones peligrosas. La formación de hielo en la carretera es una amenaza seria, y la capacidad de alertar a los conductores en tiempo real permite una respuesta proactiva, reduciendo el riesgo de accidentes.

Integración con Sistemas de Alerta y Comunicación: La efectividad de los sensores de temperatura se maximiza cuando se integran con sistemas de alerta y comunicación. La generación de alertas automáticas, enviadas a los vehículos a través de sistemas de información de tráfico o directamente a los conductores mediante tecnologías de comunicación vehicular, garantiza una respuesta rápida y segura ante condiciones climáticas adversas.

Tecnologías Emergentes en Sensores de Temperatura: La evolución continua de la tecnología ha impulsado investigaciones en sensores de temperatura más avanzados. La miniaturización de sensores y la exploración de materiales con propiedades termoeléctricas mejoradas ofrecen perspectivas emocionantes para aumentar la sensibilidad y la eficiencia de los sensores, mejorando la capacidad de detección y alerta.

Consideraciones para la Implementación: La implementación efectiva de sensores de temperatura en el asfalto inteligente requiere una cuidadosa consideración de factores como la calibración precisa, la resistencia a condiciones climáticas extremas y la interoperabilidad con sistemas de gestión del tráfico. La investigación científica continúa abordando estos desafíos para optimizar la funcionalidad de los sensores en entornos del mundo real.

La integración de sensores de temperatura en el asfalto inteligente no solo representa una aplicación práctica de principios científicos fundamentales, sino que también demuestra el compromiso continuo de la ingeniería vial en la mejora de la seguridad y eficiencia de las carreteras ante condiciones climáticas desafiantes.

Sensores de Tráfico

La implementación de sensores de tráfico en infraestructuras viales representa una aplicación avanzada de la ciencia en la optimización del flujo vehicular y la gestión eficiente del tráfico. Este análisis científico profundizará en los principios fundamentales y la importancia de los sensores de tráfico, destacando su capacidad para transformar dinámicamente la señalización y las velocidades límite según las condiciones del tráfico.

Principios Científicos de los Sensores de Tráfico: Los sensores de tráfico utilizan una variedad de tecnologías para detectar la cantidad de vehículos que circulan por la carretera. Desde sensores inductivos que registran cambios en el campo magnético generado por los vehículos hasta cámaras de visión computarizada que analizan patrones de movimiento, estos dispositivos se basan en principios científicos para recopilar datos precisos y en tiempo real.

Gestión Dinámica del Flujo Vehicular: La información recopilada por los sensores de tráfico se integra en un sistema centralizado, permitiendo la gestión dinámica del flujo vehicular. Este sistema ajusta la señalización en tiempo real, adaptándose a la cantidad de vehículos presentes y las condiciones del tráfico. La capacidad de respuesta instantánea reduce la congestión, mejora la eficiencia del transporte y optimiza el tiempo de viaje.

Velocidades Límite Adaptativas: La adaptación de las velocidades límite según las condiciones del tráfico es una aplicación clave de los sensores de tráfico. Utilizando datos continuos sobre la densidad vehicular y la velocidad promedio, el sistema centralizado puede ajustar las velocidades límite de manera dinámica. Esta función no solo mejora la seguridad al adaptarse a las condiciones reales del tráfico, sino que también contribuye a un flujo vehicular más uniforme.

Reducción de la Congestión Vehicular: La capacidad de los sensores de tráfico para ajustar la señalización y las velocidades límite de manera adaptativa tiene un impacto directo en la reducción de la congestión vehicular. Al evitar la acumulación innecesaria de vehículos en áreas específicas y facilitar la distribución uniforme del tráfico, se mejoran significativamente los tiempos de viaje y la eficiencia de las carreteras.

Tecnologías Avanzadas en Sensores de Tráfico: El avance constante de la tecnología impulsa la investigación en sensores de tráfico más avanzados. Desde sistemas de detección de imágenes de alta resolución hasta el uso de inteligencia artificial para prever patrones de tráfico, la ciencia detrás de estos sensores evoluciona para ofrecer una gestión de tráfico aún más precisa y eficiente.

<u>Consideraciones Científicas para la Implementación</u>: La implementación exitosa de sensores de tráfico requiere una cuidadosa consideración de factores como la ubicación estratégica de los sensores, la precisión en la recopilación de datos y la interoperabilidad con otros sistemas de gestión del tráfico. La investigación científica continúa abordando estos desafíos para optimizar la funcionalidad y la eficacia de los sensores en entornos de tráfico complejos.

Los sensores de tráfico representan un enfoque científicamente fundamentado para la gestión eficiente del tráfico, contribuyendo a la mejora de la movilidad urbana y la seguridad vial.

Sensores de Presencia en Carreteras

La integración de sensores de presencia en infraestructuras viales representa un avance científico clave en la mejora de la seguridad vial al detectar la presencia de vehículos o peatones en la carretera. Este análisis científico se sumergirá en los fundamentos y aplicaciones de estos sensores, destacando su utilidad para alertar a los conductores sobre obstáculos y reducir la probabilidad de accidentes de tráfico.

<u>Principios Científicos de los Sensores de Presencia</u>: Los sensores de presencia emplean diversas tecnologías para detectar la existencia de vehículos o peatones en la carretera. Desde sensores de infrarrojos que registran cambios en la radiación térmica hasta sensores ultrasónicos que emiten y reciben ondas sonoras para identificar objetos, estos dispositivos se basan en principios científicos para ofrecer detección precisa.

<u>Detección de Obstáculos y Alerta a Conductores</u>: La función principal de los sensores de presencia es identificar la presencia de obstáculos en la carretera, ya sean vehículos detenidos, peatones cruzando o cualquier otro objeto inesperado. Cuando se detecta un objeto, el

sensor envía señales al sistema de gestión del tráfico o a sistemas de alerta, advirtiendo a los conductores sobre la presencia de obstáculos y promoviendo la toma de decisiones segura.

Importancia en la Prevención de Accidentes: La importancia de los sensores de presencia en la prevención de accidentes radica en su capacidad para proporcionar información temprana a los conductores. Al alertar sobre la presencia de obstáculos, se brinda a los conductores el tiempo necesario para reaccionar, reduciendo así la probabilidad de colisiones y mejorando la seguridad general en la carretera.

Tecnologías Específicas en Sensores de Presencia: Los avances tecnológicos han permitido el desarrollo de sensores de presencia más sofisticados. La utilización de cámaras de visión computarizada, lidar (detección y medición por luz) y radar contribuye a mejorar la precisión de la detección y la capacidad de discernir entre diferentes tipos de objetos, optimizando así la funcionalidad de los sensores.

Consideraciones Científicas para la Implementación: La eficacia de los sensores de presencia depende de factores científicos críticos, como la sensibilidad del sensor, la capacidad de distinguir entre diferentes tipos de objetos y la integración con sistemas de alerta. La investigación continua en estos aspectos busca mejorar la eficiencia y la fiabilidad de estos dispositivos en entornos viales variados.

Perspectivas Científicas para el Futuro: La evolución constante de la tecnología ofrece perspectivas emocionantes para el futuro de los sensores de presencia en carreteras. Investigaciones en inteligencia artificial y aprendizaje profundo buscan mejorar la capacidad de reconocimiento de objetos, permitiendo una detección más precisa y avanzada.

Los sensores de presencia representan una herramienta científicamente fundamentada para mejorar la seguridad vial al alertar a los conductores sobre obstáculos en la carretera.

A medida que la investigación avanza, se espera que estos dispositivos desempeñen un papel aún más crucial en la prevención de accidentes de tráfico.

Sensores de Calidad del Aire

La implementación de sensores de calidad del aire en entornos urbanos representa un avance científico crucial en la monitorización ambiental. Estos dispositivos, diseñados para detectar y cuantificar la presencia de contaminantes en el aire, ofrecen información esencial para el desarrollo de políticas de transporte sostenible y la mejora de la calidad del aire en áreas urbanas. Este análisis científico explorará los fundamentos y aplicaciones de los sensores de calidad del aire.

Principios Científicos de los Sensores de Calidad del Aire: Los sensores de calidad del aire emplean diversos principios científicos para la detección de contaminantes atmosféricos. Desde sensores electroquímicos que reaccionan con gases específicos hasta tecnologías de infrarrojos que identifican moléculas particulares, estos dispositivos utilizan métodos especializados para medir la concentración de contaminantes con precisión.

Contaminantes Detectados: Los sensores de calidad del aire pueden detectar una variedad de contaminantes, incluidos óxidos de nitrógeno (NOx), dióxido de azufre (SO2), partículas en suspensión (PM), ozono (O3), monóxido de carbono (CO) y compuestos orgánicos volátiles (COV). Cada sensor se especializa en la detección de un contaminante específico, permitiendo un monitoreo exhaustivo de la calidad del aire.

Importancia en la Planificación Urbana: La información recopilada por los sensores de calidad del aire es fundamental para la planificación urbana sostenible. Permite evaluar la eficacia de las políticas de transporte, identificar áreas con niveles elevados de contaminación y desarrollar estrategias para mejorar la calidad del aire. Esta planificación informada contribuye a la creación de entornos urbanos más saludables y sostenibles.

Integración con Políticas de Transporte Sostenible: La integración de sensores de calidad del aire con políticas de transporte sostenible es esencial para abordar los desafíos ambientales en entornos urbanos. La información en tiempo real sobre la calidad del aire permite ajustar las políticas de transporte, promoviendo modalidades más limpias y eficientes y reduciendo las emisiones de contaminantes atmosféricos.

<u>Tecnologías Emergentes en Sensores de Calidad del Aire:</u> El desarrollo continuo de tecnologías ha llevado a mejoras significativas en la precisión y eficiencia de los sensores de calidad del aire. La miniaturización de sensores, el uso de inteligencia artificial para el análisis de datos y la mejora de la durabilidad de los dispositivos son áreas de investigación clave para avanzar en la monitorización ambiental.

<u>Consideraciones Científicas y Desafíos:</u> La implementación efectiva de sensores de calidad del aire requiere abordar desafíos científicos, como la calibración precisa de los sensores, la influencia de condiciones climáticas variables y la necesidad de mantener la precisión a lo largo del tiempo. La investigación continua busca resolver estos desafíos para garantizar la fiabilidad de los datos recopilados.

Los sensores de calidad del aire representan una herramienta científicamente sólida para la monitorización ambiental en entornos urbanos. Su papel es esencial para informar las decisiones políticas, fomentar prácticas de transporte sostenible y contribuir a la creación de ciudades más saludables y sostenibles.

Sensores de Humedad en Carreteras

La integración de sensores de humedad en el asfalto inteligente representa un avance significativo en la monitorización de las condiciones climáticas en carreteras, con el objetivo de mejorar la seguridad vial. Este análisis científico explorará los fundamentos y aplicaciones de los sensores de humedad, destacando su utilidad para alertar a los conductores sobre condiciones peligrosas y reducir la probabilidad de accidentes de tráfico.

<u>Principios Científicos de los Sensores de Humedad:</u> Los sensores de humedad utilizan principios científicos fundamentales para medir la cantidad de humedad presente en el asfalto. Diversas tecnologías, como

sensores capacitivos que detectan cambios en la capacitancia del material en respuesta a la humedad, son empleadas para lograr mediciones precisas y en tiempo real.

Detección de Condiciones Peligrosas: La función principal de los sensores de humedad es detectar condiciones peligrosas en la carretera, especialmente aquellas relacionadas con la presencia de humedad en el pavimento. Cuando los niveles de humedad aumentan, los sensores activan alertas automáticas, advirtiendo a los conductores sobre la posibilidad de deslizamiento y otras situaciones peligrosas.

Importancia en la Prevención de Accidentes: La relación directa entre la presencia de humedad en la carretera y la probabilidad de accidentes de tráfico hace que la función de los sensores de humedad sea crucial. Al alertar a los conductores sobre condiciones resbaladizas, se les brinda la oportunidad de ajustar su conducción, reduciendo así el riesgo de colisiones y mejorando la seguridad vial.

Integración con Sistemas de Alerta a Conductores: La eficacia de los sensores de humedad se maximiza cuando se integran con sistemas de alerta a conductores. La generación de alertas visuales o sonoras en el panel de control del vehículo informa a los conductores sobre las condiciones del pavimento, permitiéndoles tomar decisiones informadas y adaptar su conducción de manera proactiva.

Tecnologías Avanzadas en Sensores de Humedad: La investigación científica continúa explorando tecnologías avanzadas para mejorar la precisión y la funcionalidad de los sensores de humedad. La miniaturización de los sensores, la mejora de la resistencia a condiciones climáticas variables y la integración con sistemas de gestión del tráfico son áreas clave de desarrollo.

Consideraciones Científicas para la Implementación: La implementación exitosa de sensores de humedad en carreteras requiere una consideración cuidadosa de factores científicos, como la calibración precisa de los sensores, la durabilidad en entornos exteriores y la interoperabilidad con sistemas de alerta y gestión del tráfico. La investigación científica aborda estos desafíos para garantizar la eficacia a largo plazo de estos dispositivos.

Los sensores de humedad en el asfalto son herramientas científicamente fundamentadas que desempeñan un papel esencial en la mejora de la seguridad vial al alertar a los conductores sobre condiciones peligrosas. Su integración efectiva contribuye a la prevención de accidentes y a la creación de entornos viales más seguros.

Carga Inalámbrica para Vehículos Eléctricos en Asfalto Inteligente

La implementación de un sistema de carga inalámbrica en el asfalto inteligente representa un avance significativo en la movilidad eléctrica sostenible. Este análisis científico profundizará en los fundamentos y las aplicacion es de este sistema, destacando su potencial para transformar la carga de vehículos eléctricos mientras están en movimiento, estableciendo un bucle energético renovable más eficiente.

Principios Científicos del Sistema de Carga Inalámbrica: El sistema de carga inalámbrica se basa en principios científicos que aprovechan la resonancia magnética inductiva o la transferencia de energía por radiofrecuencia para transmitir electricidad desde el asfalto inteligente al vehículo eléctrico. Estos sistemas utilizan bobinas emisoras y receptoras que permiten la transferencia de energía de manera eficiente y segura.

Carga Continua durante la Conducción: La característica principal de este sistema es la posibilidad de cargar los vehículos eléctricos de manera continua mientras están en movimiento. Los bobinados integrados en el asfalto inteligente generan un campo magnético que se acopla con las bobinas receptoras en el vehículo, permitiendo la carga constante de la batería sin la necesidad de paradas prolongadas.

Eficiencia y Optimización del Bucle Energético: La eficiencia del sistema de carga inalámbrica se basa en la optimización del bucle energético. Los avances científicos se centran en mejorar la eficiencia de transferencia de energía, minimizar las pérdidas durante la transmisión y garantizar la seguridad tanto para el vehículo como para el entorno circundante. Un gran respiro para la naturaleza.

Adaptación a Diferentes Condiciones: La investigación científica aborda el desafío de adaptar el sistema de carga inalámbrica a diversas condiciones, como velocidades variables, diferentes tipos de vehículos y condiciones climáticas adversas. La optimización de algoritmos de control y la mejora de la resistencia a condiciones variables son áreas clave para garantizar la adaptabilidad y eficacia del sistema.

Seguridad y Normativas: La seguridad es una consideración crucial en el desarrollo de sistemas de carga inalámbrica. La investigación científica aborda la mitigación de riesgos, la protección contra interferencias electromagnéticas y el cumplimiento de normativas para garantizar que la implementación de este sistema sea segura y cumpla con estándares internacionales.

Consideraciones de Infraestructura: La implementación exitosa del sistema de carga inalámbrica requiere consideraciones específicas de infraestructura. La investigación se centra en aspectos como la integración de la tecnología en el asfalto inteligente, la durabilidad de los componentes y la estandarización de los sistemas para facilitar su adopción a nivel mundial.

Perspectivas Científicas para el Futuro: La evolución constante de la tecnología y la investigación científica apuntan hacia perspectivas emocionantes para el futuro del sistema de carga inalámbrica. Esto incluye avances en la eficiencia de carga, la capacidad de adaptación a nuevas tecnologías de vehículos eléctricos y la expansión de la infraestructura de carga inalámbrica en redes urbanas y de carreteras.

El sistema de carga inalámbrica para vehículos eléctricos en el asfalto inteligente representa un enfoque científico avanzado hacia la movilidad sostenible mundial, ofreciendo la posibilidad de cargar vehículos de manera continua y contribuyendo al desarrollo de un bucle energético renovable más eficiente y responsable con el medio ambiente. Los grandes cambios empiezan con una idea.

Sistemas de Navegación Integrados en Asfalto Inteligente

La integración de sistemas de navegación en el asfalto inteligente representa una innovación científica clave en la mejora de la movilidad, seguridad vial y experiencia del usuario. Este análisis científico explorará los principios fundamentales y las aplicaciones avanzadas de estos sistemas, destacando cómo el asfalto inteligente potencia la conectividad y precisión de los sistemas de navegación en los vehículos.

<u>Principios Científicos de la Integración Asfalto Inteligente y Sistemas de Navegación</u>: La integración exitosa se basa en principios científicos que permiten la comunicación efectiva entre el asfalto inteligente y los sistemas de navegación de los vehículos. Esto implica la utilización de tecnologías como sensores, antenas y comunicación por radiofrecuencia para establecer una red eficiente de intercambio de información.

<u>Precisión en la Navegación</u>: El asfalto inteligente contribuye significativamente a la precisión de la navegación. La capacidad de los vehículos para conectarse a la red del asfalto inteligente proporciona datos en tiempo real sobre el estado de la carretera, condiciones del tráfico y eventos en la vía. Esto mejora la precisión de la planificación de rutas y reduce la probabilidad de errores de navegación.

<u>Mejora de la Seguridad Vial</u>: La integración de sistemas de navegación con el asfalto inteligente contribuye directamente a la mejora de la seguridad vial. Los vehículos pueden recibir alertas sobre condiciones peligrosas, como zonas de construcción, accidentes recientes o condiciones climáticas adversas, permitiendo a los conductores tomar decisiones informadas y reducir el riesgo de accidentes de tráfico.

<u>Información en Tiempo Real sobre Ubicación y Destino</u>: El asfalto inteligente posibilita la transmisión de información en tiempo real entre la carretera y los vehículos. Esto incluye actualizaciones sobre la ubicación actual del vehículo, detalles sobre el destino planificado y la capacidad de ajustar la ruta en función de condiciones cambiantes.

La información en tiempo real mejora la eficiencia y la comodidad del viaje. Reduccion de la frustracion y agobio.

<u>Gestión de Aparcamiento</u>: La conectividad con el asfalto inteligente también facilita la gestión de aparcamiento urbanos. Los sistemas de navegación pueden proporcionar información sobre la disponibilidad de plazas de aparcamiento en la zona, optimizando el tiempo de búsqueda y reduciendo la congestión del tráfico asociada con la búsqueda de aparcamiento.

<u>Desafíos y Consideraciones Científicas</u>: La implementación de sistemas de navegación en el asfalto inteligente no está exenta de desafíos científicos. La seguridad de la comunicación, la gestión eficiente de grandes cantidades de datos y la interoperabilidad entre diferentes sistemas son áreas de investigación clave para garantizar el éxito y la confiabilidad de esta integración.

<u>Perspectivas Científicas para el Futuro</u>: La integración del asfalto inteligente y los sistemas de navegación promete avances continuos. Investigaciones en inteligencia artificial, aprendizaje automático y mejora de algoritmos de planificación de rutas anticipan una evolución constante en la eficiencia y la capacidad predictiva de estos sistemas.

La integración de sistemas de navegación en el asfalto inteligente es un desarrollo científico esencial para mejorar la movilidad, la seguridad vial y la experiencia del usuario en el transporte, allanando el camino hacia un futuro más eficiente y conectado.

Sensores aplicables al proyecto

<u>Sensores de Calidad del Agua</u>: Estos sensores podrían detectar la presencia de agua en la superficie de la carretera y proporcionar información sobre la calidad del agua en caso de inundaciones o acumulación de agua en la carretera.

<u>Sensores de Gases Contaminantes</u>: La detección de gases contaminantes en el aire, como óxidos de nitrógeno, dióxido de azufre y otros, puede ayudar a evaluar la calidad del aire y tomar medidas para reducir la contaminación.

<u>Sensores de Presión Atmosférica</u>: La medición de la presión atmosférica puede proporcionar información útil para prever cambios climáticos y condiciones meteorológicas adversas.

<u>Sensores de Rayos UV</u>: Estos sensores pueden alertar sobre niveles elevados de radiación ultravioleta, lo que podría ser relevante para la seguridad de los peatones y conductores.

<u>Sensores de Nivel Sonoro</u>: La medición del nivel de ruido en la carretera puede contribuir a evaluar la contaminación acústica y tomar medidas para mitigar sus efectos.

<u>Sensores de Vibración</u>: Detectar vibraciones en la carretera puede ayudar a evaluar la calidad del pavimento y prever la necesidad de mantenimiento.

<u>Sensores de Movimiento</u>: Estos sensores podrían detectar la presencia de peatones, ciclistas u otros objetos en movimiento en la carretera, mejorando la seguridad vial.

<u>Sensores de Humo e Incendios</u>: La detección temprana de humo o incendios en la carretera puede ser crucial para la seguridad y permitir una respuesta rápida de los servicios de emergencia.

<u>Sensores de Radiación Solar</u>: Medir la radiación solar podría ser útil para evaluar el potencial de generación de energía solar en la carretera, especialmente en el caso de asfalto fotovoltaico.

<u>Sensores de Temperatura del Pavimento</u>: Estos sensores pueden proporcionar información precisa sobre la temperatura del pavimento, lo que es crucial para gestionar la presencia de hielo en condiciones climáticas frías.

La implementación integral de sensores en el asfalto inteligente redefine la infraestructura vial, proporcionando una monitorización completa del entorno. Desde Sensores de Calidad del Agua que preservan los recursos hídricos hasta Sensores de Temperatura del Pavimento que anticipan condiciones climáticas adversas, cada componente contribuye a la seguridad, la eficiencia y la sostenibilidad en las carreteras. Sensores de Gases Contaminantes, Presión Atmosférica y Rayos UV elevan la conciencia ambiental, mientras que Sensores de Nivel Sonoro abordan la contaminación acústica. Los Sensores de Movimiento, Vibración y Humo e Incendios se combinan para crear una red de información que no solo optimiza el tráfico sino también anticipa y previene posibles riesgos. La sinergia de estos sensores trasciende los límites tradicionales, creando una infraestructura vial verdaderamente inteligente y adaptable.

La implementación de asfalto inteligente con sensores ofrece una serie de beneficios ambientales significativos. Al incorporar Sensores de Calidad del Agua, Gases Contaminantes, y Presión Atmosférica, se facilita una monitorización constante del entorno, permitiendo respuestas rápidas ante posibles amenazas medioambientales. Sensores de Temperatura del Pavimento y Rayos UV contribuyen a la eficiencia energética al reducir la necesidad de energía para mantener la temperatura del pavimento y al reflejar la luz solar, respectivamente. La inclusión de Sensores de Nivel Sonoro y de Vibración aborda la contaminación acústica y minimiza las vibraciones molestas. Estos beneficios combinados no solo mejoran la seguridad y eficiencia del tráfico, sino que también fomentan un entorno vial más sostenible y respetuoso con el medio ambiente.

Capitulo 3

FABRICANTES DE SENSORES.

Los fabricantes de sensores ofrecen una amplia variedad de productos de alta calidad y tecnología avanzada que se podrían utilizar en el proyecto de asfalto inteligente, como Bosch, Honeywell, Texas Instruments, Analog Devices, STMicroelectronics, entre otros. Es importante evaluar las especificaciones y características de los sensores que se necesitan y compararlas con los productos ofrecidos por los diferentes fabricantes para encontrar el mejor producto para el proyecto. Además, es recomendable buscar opiniones y reseñas de otros usuarios sobre estos productos y marcas para tener una idea clara de la calidad y fiabilidad de los productos.

Bosch

Bosch es un líder global en tecnologías y servicios, incluyendo la fabricación de sensores. En el ámbito de sensores para aplicaciones viales, Bosch ofrece una amplia gama que abarca desde sensores de temperatura hasta sensores de movimiento. Sus productos suelen destacar por su precisión y durabilidad, y la empresa tiene una larga historia de innovación en el desarrollo de tecnologías avanzadas.

Sensores de Temperatura: Bosch ofrece sensores de temperatura de alta precisión que pueden ser relevantes para medir la temperatura del asfalto y las condiciones climáticas.

Sensores de Movimiento: Los sensores de movimiento de Bosch son ideales para detectar la presencia de vehículos o peatones en la carretera, contribuyendo a la seguridad vial.

Técnica de Instalación: Integrar los sensores de temperatura en el asfalto de manera uniforme. Asegurar una distribución representativa en toda la superficie de la carretera.
Conexión a la Red: Utilizar cables resistentes a la temperatura para conectar los sensores a una unidad central. Seleccionar conectores herméticos para garantizar la durabilidad del sistema.
Seguimiento y Software: Implementar un software de monitoreo que permita la visualización en tiempo real de las temperaturas registradas. Utilizar sistemas de gestión de datos para análisis históricos.

Honeywell

Honeywell es conocido por sus soluciones tecnológicas en diversos campos, y su línea de sensores es integral. En el contexto de asfalto inteligente, Honeywell proporciona sensores de calidad del aire, sensores de humedad, sensores de temperatura, entre otros. La marca se destaca por su enfoque en la precisión y la fiabilidad de sus productos.

Sensores de Calidad del Aire: Honeywell proporciona sensores específicos para medir la calidad del aire, útiles para evaluar la contaminación en entornos urbanos.

Sensores de Humedad: Los sensores de humedad de Honeywell son esenciales para monitorear las condiciones climáticas y advertir sobre posibles situaciones peligrosas en la carretera.

Técnica de Instalación: Montar los sensores de calidad del aire en postes elevados para obtener mediciones precisas y evitar obstrucciones.
Conexión a la Red: Emplear cables resistentes y conectores sellados. Considerar conexiones inalámbricas para ubicaciones estratégicas.

<u>Seguimiento y Software:</u> Utilizar software especializado para evaluar las lecturas de calidad del aire. Integrar sistemas de alerta para eventos críticos de contaminación.

Texas Instruments

Texas Instruments es un fabricante líder en semiconductores, y su oferta de sensores abarca desde sensores de temperatura hasta sensores de luz. Sus productos se utilizan en una amplia variedad de aplicaciones, y la empresa se caracteriza por su enfoque en la innovación y la eficiencia energética.

Sensores de Temperatura: Texas Instruments ofrece una variedad de sensores de temperatura que podrían ser utilizados para medir la temperatura del pavimento.

Sensores de Luz: Los sensores de luz de Texas Instruments podrían contribuir a la eficiencia energética, regulando la iluminación de señales viales en función de las condiciones de luz ambiental.

<u>Técnica de Instalación:</u> Integrar los sensores en el pavimento y los sensores de luz en postes elevados para mediciones ambientales.
<u>Conexión a la Red:</u> Utilizar cables resistentes y conectores sellados. Incorporar conexiones inalámbricas para simplificar la instalación.
<u>Seguimiento y Software:</u> Implementar un software integral que permita el monitoreo simultáneo de temperatura y luz. Utilizar sistemas de alerta para cambios climáticos y variaciones lumínicas.

Analog Devices

Analog Devices es reconocido por sus soluciones de alta precisión en electrónica. En el ámbito de sensores, ofrecen productos como sensores de aceleración, sensores de vibración y otros dispositivos de medición. Su enfoque en la precisión y el rendimiento les ha ganado una reputación sólida en el mercado.

Sensores de Aceleración: Estos sensores son útiles para detectar la aceleración y vibración en la carretera, contribuyendo a la monitorización de la calidad del pavimento.

Sensores Ambientales: Los sensores ambientales de Analog Devices podrían medir variables como la presión atmosférica, brindando información adicional sobre las condiciones meteorológicas.

Técnica de Instalación: Colocar los sensores de aceleración en áreas críticas para evaluar la vibración del pavimento. Distribuir los sensores ambientales para medir condiciones atmosféricas clave.

Conexión a la Red: Utilizar cables resistentes y conexiones selladas. Considerar conexiones inalámbricas para optimizar la instalación.

Seguimiento y Software: Implementar un software que permita la visualización y análisis de las lecturas de aceleración y condiciones ambientales. Integrar sistemas de alerta para vibraciones inusuales y cambios climáticos extremos.

STMicroelectronics

STMicroelectronics es otro actor importante en la fabricación de semiconductores y sensores. Su gama de productos incluye sensores de movimiento, sensores ambientales y más. La empresa se destaca por su compromiso con la innovación y la sostenibilidad.

Sensores de Movimiento: STMicroelectronics ofrece sensores de movimiento que podrían ser implementados para detectar el movimiento de vehículos y peatones.

Sensores Ambientales: Los sensores ambientales de STMicroelectronics pueden contribuir a la monitorización de factores ambientales como la humedad y la calidad del aire.

Técnica de Instalación: Incorporar los sensores de movimiento en áreas estratégicas para detectar el tráfico vehicular y peatonal. Distribuir los sensores ambientales para medir condiciones atmosféricas.

Conexión a la Red: Utilizar cables resistentes y conexiones selladas. Explorar conexiones inalámbricas para ubicaciones remotas.

Seguimiento y Software: Implementar un software integral para monitorear el movimiento y las condiciones ambientales. Utilizar sistemas de alerta para congestiones de tráfico y cambios meteorológicos significativos.

Maxim Integrated

Maxim Integrated es una empresa líder en la industria de semiconductores que ofrece una amplia gama de soluciones integradas, incluyendo sensores avanzados. En el contexto del proyecto de asfalto inteligente, los sensores de temperatura de Maxim Integrated son notables. Estos sensores suelen utilizar tecnologías de termopar o termorresistencias para medir con precisión las variaciones de temperatura en el entorno. La precisión y la estabilidad de estos sensores son fundamentales para evaluar la temperatura del asfalto de manera confiable y permitir una respuesta eficaz a las condiciones cambiantes.

Sensores de Temperatura: Maxim Integrated es conocido por sus soluciones de integración, incluye sensores de temperatura de alta precisión que podrían ser aplicables para medir la temperatura del asfalto.

<u>Técnica de Instalación</u>: Incrustar los sensores en el asfalto, distribuyéndolos uniformemente en áreas representativas de la carretera.
<u>Conexión a la Red</u>: Utilizar cables de alta resistencia a la temperatura para conectar los sensores a una unidad central. Preferiblemente, emplear conexiones herméticas para garantizar la integridad del sistema.
<u>Seguimiento y Software</u>: Emplear un software de monitoreo que permita la visualización en tiempo real de las lecturas de temperatura. Pueden utilizarse sistemas de adquisición de datos conectados a la red para centralizar la información.

Omron Corporation

Omron Corporation se destaca en el desarrollo de tecnologías de automatización y control, y su oferta incluye sensores de vibración que podrían ser aplicados en el proyecto de asfalto inteligente. Estos sensores de vibración utilizan acelerómetros y otros componentes para detectar movimientos y vibraciones en la carretera. La información proporcionada por estos sensores es esencial para evaluar la calidad del pavimento y anticipar la necesidad de mantenimiento o reparación.

Sensores de Vibración: Omron ofrece sensores de vibración que podrían ser utilizados para evaluar la calidad del pavimento y detectar posibles irregularidades.

<u>Técnica de Instalación</u>: Colocar los sensores de vibración en áreas estratégicas de la carretera, asegurándose de cubrir una muestra representativa.
<u>Conexión a la Red</u>: Utilizar cables resistentes a la intemperie para conectar los sensores a una unidad de adquisición de datos. Considerar conexiones inalámbricas para simplificar la instalación.
<u>Seguimiento y Software</u>: Implementar un software de análisis de vibraciones que permita detectar patrones anómalos. Integrar sistemas de alerta temprana para posibles problemas en el pavimento.

Teledyne Technologies

Teledyne Technologies es una empresa diversificada que abarca varias áreas, incluyendo la instrumentación y la detección. En el contexto del proyecto, los sensores de calidad del agua de Teledyne son relevantes. Estos sensores utilizan tecnologías como electrodos selectivos de iones para medir la conductividad, la salinidad y otros parámetros del agua. Su aplicación en el asfalto inteligente podría detectar la presencia de agua en la carretera y proporcionar información crucial para la seguridad vial.

Sensores de Calidad del Agua: Teledyne proporciona sensores de calidad del agua que podrían ser útiles para detectar la presencia de agua en la carretera y prevenir situaciones de riesgo.

<u>Técnica de Instalación</u>: Enterrar los sensores de calidad del agua en áreas cercanas a desagües o zonas propensas a acumulación de agua.
<u>Conexión a la Red</u>: Utilizar cables sumergibles para conectar los sensores a una unidad central. Incorporar sellos herméticos para proteger los componentes electrónicos.
<u>Seguimiento y Software</u>: Implementar un software que monitoree la calidad del agua en tiempo real. Utilizar sistemas de alerta para situaciones de riesgo, como inundaciones.

Murata Manufacturing

Murata Manufacturing es conocida por sus productos electrónicos, y entre ellos, ofrecen sensores de presión atmosférica. Estos sensores miden la presión atmosférica para proporcionar datos sobre las condiciones meteorológicas. En el proyecto de asfalto inteligente, estos sensores podrían contribuir a la recopilación de información climática, permitiendo una gestión más eficiente del tráfico y mejorando la seguridad en la carretera.

Sensores de Presión Atmosférica: Murata Manufacturing ofrece sensores de presión atmosférica que podrían contribuir a la recopilación de datos meteorológicos para mejorar la gestión del tráfico.

<u>Técnica de Instalación:</u> Montar los sensores de presión atmosférica en postes o estructuras elevadas para una medición precisa.
<u>Conexión a la Red:</u> Utilizar cables resistentes a la intemperie y conectores sellados para la conexión. Considerar conexiones inalámbricas para ubicaciones remotas.
<u>Seguimiento y Software:</u> Implementar un software que registre y analice las lecturas de presión atmosférica. Integrar sistemas de alerta para cambios climáticos significativos.

Panasonic Corporation

Panasonic Corporation es un fabricante global que abarca diversas áreas de la electrónica. Sus sensores de calidad del aire son fundamentales para evaluar la contaminación atmosférica. Estos sensores utilizan tecnologías como sensores de gases y partículas para medir la concentración de contaminantes en el aire.

En el contexto del asfalto inteligente, estos sensores podrían contribuir a monitorear y gestionar la calidad del aire en entornos urbanos, promoviendo la sostenibilidad y la salud pública.

Sensores de Calidad del Aire: Panasonic desarrolla sensores de calidad del aire que podrían ser implementados para evaluar y monitorear la contaminación en áreas urbanas.

<u>Técnica de Instalación:</u> Colocar los sensores de calidad del aire en postes elevados para evitar obstrucciones y medir con precisión la concentración de contaminantes.
<u>Conexión a la Red:</u> Utilizar cables resistentes y conectores sellados. Emplear conexiones inalámbricas para simplificar la instalación, como routers de alto alcance.

53

<u>Seguimiento y Software</u>: Implementar un software que analice las lecturas de contaminantes del aire. Integrar sistemas de alerta para niveles críticos de contaminación.

Transformación de Datos
Información para Estudios Científicos y Aplicaciones

El asfalto inteligente, al actuar como un medio bidireccional de comunicación entre ordenadores y vehículos inteligentes, proporciona una plataforma para recopilar y procesar datos significativos que pueden transformarse en información útil para estudios científicos y aplicaciones cotidianas. A continuación, se detallan los pasos clave para transformar estos datos:

Recopilación de Datos
Sensores Integrados: Utilizar los datos recopilados por los diversos sensores integrados en el asfalto inteligente (temperatura, vibración, calidad del aire, etc.).
Interacción con Vehículos: Recopilar datos provenientes de la interacción entre el asfalto inteligente y los vehículos equipados con tecnología inteligente.

Procesamiento y Almacenamiento
Plataforma de Datos: Establecer una plataforma centralizada para procesar y almacenar los datos recopilados de manera segura.
Integración de Tecnologías: Integrar tecnologías de procesamiento en tiempo real y almacenamiento en la nube para gestionar grandes volúmenes de datos.

Análisis Científico
Estudios Climáticos: Utilizar los datos de sensores meteorológicos para realizar estudios climáticos y entender las condiciones atmosféricas locales y nacionales.
Evaluación de Tráfico: Analizar datos de sensores de tráfico para estudiar patrones de congestión, mejorar la eficiencia vial y reducir tiempos de viaje y frustración.

Sistemas de Información Geográfica (SIG)

Delimitación de Coordenadas: Utilizar tecnología SIG para delimitar coordenadas precisas y ubicaciones específicas de señales de tránsito y otras infraestructuras viales.

Mapeo Interactivo: Crear mapas interactivos que proporcionen información detallada sobre condiciones de la carretera, señales de tráfico y ubicaciones de interés.

Desarrollo de Infraestructura de Red

Comunicación Inalámbrica: Implementar una infraestructura de red inalámbrica robusta para la comunicación efectiva entre el asfalto inteligente, vehículos y sistemas centrales.

Seguridad de Datos: Incorporar protocolos de seguridad avanzados para proteger la integridad y confidencialidad de los datos transmitidos.

Aplicaciones Cotidianas para Conductores y Peatones

Información en Tiempo Real: Desarrollar aplicaciones para dispositivos móviles que permitan a conductores y peatones acceder a información en tiempo real sobre tráfico, condiciones climáticas y estacionamiento.

Navegación Inteligente: Integrar la información del asfalto inteligente en sistemas de navegación para ofrecer rutas óptimas y actualizaciones en tiempo real.

Usabilidad en la Vida Cotidiana

Alertas y Notificaciones: Implementar sistemas de alerta que informen a los usuarios sobre condiciones peligrosas en la carretera, cambios climáticos repentinos o congestiones de tráfico.

Gestión de Estacionamiento: Facilitar aplicaciones que indiquen la disponibilidad de estacionamiento en tiempo real y sugieran ubicaciones cercanas, incluso antes de llegar a la ciudad de destino.

Evaluación Continua y Mejora

Retroalimentación del Usuario: Recopilar retroalimentación de usuarios para evaluar la efectividad de las aplicaciones y realizar mejoras continuas. De esta forma se puede mantener la actualización constante de esta infraestructura.

Optimización de Sistemas: Refinar constantemente la infraestructura y los algoritmos para garantizar un rendimiento óptimo y una experiencia de usuario mejorada.

La transición de datos a información práctica y científica requiere una sinergia entre tecnologías avanzadas y la creación de aplicaciones que potencien la movilidad, la seguridad y la eficiencia en el transporte. La colaboración entre la investigación científica y las demandas pragmáticas de la sociedad impulsa la constante evolución y optimización del asfalto inteligente. Este enfoque integrador busca no solo satisfacer las necesidades teóricas, sino también mejorar la calidad de vida y la funcionalidad cotidiana en el ámbito del transporte.

Capitulo 4

Señalización Inteligente

Integración de Aditivo Conductivo y Desafíos en la Detección por Vehículos Inteligentes

La señalización inteligente, que implica la incorporación de un aditivo conductivo en la pintura epoxi utilizada para marcar las carreteras, es una propuesta intrigante que busca mejorar la detección y comprensión de las señales de tráfico por parte de los vehículos inteligentes. Sin embargo, es fundamental comprender que la efectividad de esta iniciativa no depende únicamente del material utilizado, sino también de la capacidad de los vehículos para interpretar la información a través de sus sistemas de sensores y algoritmos.

Concepto Científico Ampliado

Integración de Aditivo Conductivo: El aditivo conductivo se mezcla con la pintura epoxi utilizada para señalizar las carreteras. Este aditivo, al ser conductivo, tiene el potencial de mejorar la capacidad de detección de las señales de tráfico, especialmente en condiciones climáticas adversas o situaciones de baja visibilidad. La conductividad eléctrica puede facilitar la transmisión de información sobre las señales directamente a los sistemas de los vehículos.

Desafíos en la Detección por Vehículos Inteligentes
Dependencia de Sensores: La capacidad de un vehículo inteligente para reconocer las señales de tráfico no solo está determinada por el material de señalización, sino por la precisión y alcance de los sensores utilizados.

Diversidad de Sensores: Los vehículos inteligentes emplean una combinación de cámaras, radares y otros sensores para detectar señales. Cada sensor tiene sus ventajas y limitaciones, y la interpretación de las señales requiere una fusión de datos compleja.

Algoritmos de Procesamiento: La información recopilada por los sensores se procesa mediante algoritmos avanzados. La capacidad de estos algoritmos para identificar patrones específicos en tiempo real es esencial para el reconocimiento preciso de señales.

Desafíos y Consideraciones Adicionales
Durabilidad: La durabilidad del aditivo conductivo y su capacidad para mantener sus propiedades a lo largo del tiempo, a pesar de las condiciones climáticas y el tráfico, son aspectos cruciales a considerar.

Normativas de Seguridad Vial: Cualquier innovación en señalización debe cumplir con las normativas de seguridad vial establecidas. La visibilidad, la comprensión y la respuesta de los conductores a estas señales mejoradas deben ser cuidadosamente evaluadas.

Perspectivas Futuras y Áreas de Investigación
Optimización de Algoritmos: Investigar y mejorar continuamente los algoritmos de procesamiento de datos para garantizar una interpretación precisa y eficiente de las señales de tráfico.

Desarrollo de Materiales Innovadores: Explorar materiales conductivos y recubrimientos que no solo mejoren la detección sino que también sean resistentes y sostenibles a largo plazo.

Integración con Infraestructuras Inteligentes: Considerar la integración de la señalización mejorada con sistemas de infraestructuras inteligentes para una comunicación más efectiva con los vehículos.

La integración de un aditivo conductivo en la señalización de carreteras es una propuesta interesante con el potencial de mejorar la seguridad vial. Sin embargo, es crucial abordar los desafíos inherentes a la detección por parte de vehículos inteligentes y asegurar que cualquier innovación cumpla con los estándares de seguridad y durabilidad necesarios para su implementación efectiva. La colaboración entre la investigación en materiales, tecnología de vehículos y seguridad vial será clave para el desarrollo exitoso de esta iniciativa.

Marcas de Aditivos Conductivos para Asfalto Inteligente

La elección del aditivo conductivo adecuado es fundamental para el desarrollo exitoso del asfalto inteligente. Diversas marcas ofrecen aditivos conductivos con propiedades específicas, destinados a mejorar la conductividad eléctrica del asfalto. A continuación, se presenta una investigación más exhaustiva sobre algunas marcas destacadas, sus características y la ampliación de opciones adicionales:

Bare Conductive

Características: Bare Conductive ofrece un aditivo conductivo a base de agua, lo que lo hace compatible con una variedad de materiales, incluyendo cemento y cerámica.
Mezclabilidad: Su capacidad para mezclarse con diversos materiales permite su aplicación en proyectos de infraestructura más allá del asfalto, ampliando sus posibilidades de uso en diversas aplicaciones.

Materiales Necesarios:
Bare Conductive (aditivo a base de agua).
Asfalto.
Agitador mecánico o manual.
Contenedor resistente a productos químicos.

Proceso:
Medir la cantidad requerida de Bare Conductive en función de la proporción deseada para la mezcla. Esta proporción dependerá de las especificaciones del proyecto y las características deseadas del asfalto inteligente. Verter el aditivo conductivo en un contenedor resistente a productos químicos. Agregar la cantidad correspondiente de asfalto al contenedor. Utilizar un agitador, ya sea mecánico o manual, para mezclar de manera homogénea el aditivo conductivo y el asfalto. Es esencial lograr una distribución uniforme para asegurar la efectividad del aditivo. Continuar agitando hasta que la mezcla alcance una consistencia uniforme y homogénea. Verificar la compatibilidad de la mezcla con el asfalto y realizar ajustes según sea necesario.

Electroconductive

Calidad del Aditivo: Electroconductive se destaca por ser un aditivo conductivo de alta calidad, lo que sugiere una mayor eficiencia en la mejora de la conductividad eléctrica del asfalto.

Versatilidad: Su capacidad para mezclarse con varios materiales, incluido el asfalto, amplía las opciones de aplicación en diferentes contextos de infraestructura.

Materiales Necesarios:
Electroconductive (aditivo de alta calidad).
Asfalto.
Mezcladora de alta velocidad.
Contenedor resistente.

Proceso:
Medir la cantidad requerida de Electroconductive según la proporción deseada. Verter el aditivo conductivo en un contenedor resistente. Agregar la cantidad correspondiente de asfalto al contenedor. Utilizar una mezcladora de alta velocidad para mezclar los componentes de manera eficiente. La velocidad de mezcla es crucial para garantizar una distribución uniforme del aditivo en el asfalto. Continuar mezclando hasta obtener una mezcla homogénea y consistente. Realizar pruebas de compatibilidad y ajustar la proporción según sea necesario.

Conductive Compounds

Mezcla con Asfalto: Conductive Compounds es un aditivo conductivo que se puede mezclar no solo con el asfalto, sino también con otros materiales, proporcionando flexibilidad en proyectos de infraestructura.

Ideal para Infraestructura: Su versatilidad lo hace idóneo para aplicaciones más allá del asfalto, adaptándose a diversas necesidades de proyectos.

Materiales Necesarios:
Conductive Compounds (aditivo mezclable).
Asfalto.
Mezcladora de paletas o mezcladora de tambor.
Contenedor de mezcla.

Proceso:
Medir la cantidad requerida de Conductive Compounds según la proporción específica para el proyecto. Colocar el aditivo conductivo en el contenedor de mezcla. Agregar la cantidad correspondiente de asfalto al contenedor. Utilizar una mezcladora de paletas o una mezcladora de tambor para mezclar los componentes de manera efectiva. Este método garantiza una distribución uniforme del aditivo en el asfalto. Continuar mezclando hasta obtener una consistencia homogénea. Realizar pruebas de compatibilidad y realizar ajustes necesarios.

Graphene Nanoplatelets

Nanoplacas de grafeno son opciones prometedoras como aditivos conductivos. La conductividad excepcional del grafeno puede mejorar significativamente las propiedades eléctricas del asfalto.

Materiales Necesarios:
Graphene Nanoplatelets (GNP).
Asfalto.
Mezcladora de alta velocidad.
Contenedor resistente.

Proceso:

Medir la cantidad requerida de Graphene Nanoplatelets según la proporción específica para el proyecto. Verter los Nanoplatelets de Grafeno en un contenedor resistente. Agregar la cantidad correspondiente de asfalto al contenedor. Utilizar una mezcladora de alta velocidad para asegurar una distribución uniforme de los Nanoplatelets de Grafeno en el asfalto. La velocidad de mezcla es crítica para garantizar una dispersión efectiva. Continuar mezclando hasta obtener una mezcla homogénea y consistente. Realizar pruebas de compatibilidad y ajustar la proporción según sea necesario.

Carbon Nanotubes (CNTs)

Los nanotubos de carbono son otra opción, ofreciendo una excelente conductividad eléctrica y fortaleza mecánica. Su integración puede mejorar la durabilidad del asfalto inteligente.

Materiales Necesarios:
Carbon Nanotubes (CNTs).
Asfalto.
Mezcladora de alta velocidad.
Contenedor resistente.

Proceso:

Medir la cantidad requerida de Carbon Nanotubes según la proporción específica para el proyecto. Verter los Nanotubos de Carbono en un contenedor resistente. Agregar la cantidad correspondiente de asfalto al contenedor. Utilizar una mezcladora de alta velocidad para lograr una distribución homogénea de los Nanotubos de Carbono en el asfalto. Continuar mezclando hasta obtener una mezcla uniforme. Realizar pruebas de compatibilidad y ajustar la proporción necesidad.

Metal Powders

La inclusión de polvos metálicos como plata o cobre puede ser efectiva para mejorar la conductividad. La selección del metal dependerá de las propiedades deseadas y el costo.

Materiales Necesarios:
Metal Powders (polvos metálicos como plata o cobre).
Asfalto.
Mezcladora de alta velocidad.
Contenedor resistente.

Proceso:
Medir la cantidad requerida de Metal Powders según la proporción específica para el proyecto. Verter los polvos metálicos en un contenedor resistente. Agregar la cantidad correspondiente de asfalto al contenedor. Utilizar una mezcladora de alta velocidad para lograr una distribución homogénea de los polvos metálicos en el asfalto. Continuar mezclando hasta obtener una mezcla uniforme. Realizar pruebas de compatibilidad y ajustar la proporción según sea necesario.

Consideraciones Científicas para la Elección del Aditivo

Compatibilidad
Evaluar la compatibilidad del aditivo con el asfalto y otros materiales presentes en la mezcla.

Propiedades Eléctricas
Analizar las propiedades eléctricas del aditivo para asegurar una mejora efectiva en la conductividad del asfalto.

Normativas de Seguridad
Verificar que el aditivo cumple con las normativas de seguridad y calidad para su uso en infraestructuras viales.

Durabilidad
Considerar la durabilidad a largo plazo del aditivo bajo condiciones climáticas y de tráfico.

La elección del aditivo conductivo para el asfalto inteligente es una decisión crítica que debe basarse en una investigación detallada. Cada marca y tipo de aditivo tiene sus propias características, y la selección debe alinearse con los requisitos específicos del proyecto, garantizando así el éxito en la mejora de la conductividad eléctrica del asfalto y la implementación efectiva del asfalto inteligente.

- Es esencial seguir las especificaciones del fabricante para la proporción adecuada del aditivo.
- Realizar pruebas de laboratorio para evaluar las propiedades del asfalto inteligente resultante.
- Ajustar la proporción del aditivo según las pruebas de compatibilidad y desempeño.

Cabe destacar que las proporciones exactas y el método de mezcla pueden variar según las especificaciones del proyecto y las características del aditivo conductivo seleccionado. La supervisión y ajuste continuo del proceso son clave para garantizar la efectividad del asfalto inteligente.

Capitulo 5
Plan General del Proyecto Asfalto Inteligente

1. Aleación Conductiva, Sensores y Resultados

Para materializar el proyecto de Asfalto Inteligente, se propone la construcción de una maqueta de carretera con dimensiones específicas: cien metros de largo por diecinueve metros de ancho. Esta maqueta servirá como plataforma de pruebas para implementar y evaluar la tecnología del asfalto inteligente.

La clave del proyecto radica en una aleación conductiva. La investigación exhaustiva se centrará en perfeccionar la mezcla del aditivo conductivo con el asfalto convencional. Este proceso busca lograr una aleación firme y duradera que cumpla con los requisitos y especificaciones del proyecto. La conexión de los diferentes sensores al asfalto inteligente permitirá la transmisión bidireccional de datos, estableciendo así una red eficiente de comunicación entre la infraestructura vial y los vehículos inteligentes.

La planificación del proyecto será meticulosa, definiendo la ubicación exacta para la instalación del asfalto inteligente. Se determinarán los tipos de sensores necesarios y se elaborará un protocolo para la recopilación y utilización estratégica de los datos obtenidos.

- Maqueta de Carretera

Se construirá una maqueta de carretera con dimensiones de 100 metros de largo por 19 metros de ancho.

- Sensores

Se instalarán 10 sensores de cada tipo para monitorear diferentes aspectos de la carretera.

2. Selección y Adquisición de Materiales y Equipos

La producción del aditivo conductivo será un paso crítico. Se llevará a cabo la fabricación del aditivo que se utilizará en las diferentes muestras de asfalto inteligente. Además, se seleccionarán sensores con diversas características para abordar los aspectos específicos a monitorear en la carretera. La adquisición de sistemas de comunicación y otros equipos necesarios para la instalación y puesta en marcha del asfalto inteligente también será parte integral de esta fase.

- Se llevará a cabo una investigación exhaustiva sobre la mezcla del aditivo conductivo con el asfalto para lograr una aleación firme y acorde a las necesidades del proyecto.
- Conexión de los sensores al asfalto inteligente para la transmisión bidireccional de datos mediante un ordenador.
- Planificación detallada del proyecto, incluyendo la ubicación exacta de la instalación, tipos de sensores a utilizar y el método de recopilación y uso de los datos obtenidos.

3. Preparación del Suelo

Antes de la instalación, el área designada para el asfalto inteligente será preparada cuidadosamente. Esto incluirá la limpieza del terreno, la nivelación tomando en cuenta la sub-base, la capa base y la capa de asfalto convencional de rodadura. La consideración del espesor de estas capas será fundamental, variando según el tipo y cantidad de vehículos que circularán sobre la carretera.

- Producción del aditivo conductivo adecuado para las muestras y selección de sensores con diferentes características.
- Adquisición de sistemas de comunicación y equipos necesarios para la instalación y puesta en marcha del asfalto inteligente.

4. Preparación e Instalación del Asfalto Inteligente

La mezcla del aditivo conductivo con el asfalto será un proceso crítico y se llevará a cabo de manera precisa. Antes de la aplicación, se colocará una malla de fibra de carbono sobre la superficie para mejorar la conductividad. La aplicación del asfalto inteligente se realizará sobre la capa de asfalto convencional, con un espesor mínimo de tres centímetros. En áreas con sensores, se recomienda un porcentaje mayor de aditivo conductivo para garantizar un funcionamiento óptimo.

- Limpieza del área donde se instalará el asfalto inteligente y nivelación del terreno, teniendo en cuenta la sub-base, capa base y capa de asfalto convencional de rodadura.

5. Instalación de los Sensores

La instalación de sensores será estratégica y basada en un estudio previo de cada sección de la carretera. Se implementarán diferentes tipos de sensores según su utilidad, abarcando desde sensores de tráfico y movimiento hasta sensores de temperatura y eléctricos. Estos dispositivos interpretarán y reconocerán elementos como líneas continuas, líneas discontinuas, semáforos, pasos de cebra y señales de tránsito.

- Mezcla del aditivo conductivo con el asfalto y aplicación sobre la capa de asfalto convencional.
- Colocación de una malla de fibra de carbono para mejorar la conductividad.
- Se recomienda un espesor mínimo de tres centímetros, con un mayor porcentaje de aditivo conductivo en áreas con sensores.
- Se recomienda determinar una distancia factible entre cada sensor, tomando en cuenta su función.

6. Configuración del Sistema

La configuración del sistema será fundamental para el funcionamiento eficiente del asfalto inteligente. Se establecerán las infraestructuras de comunicación y red necesarias para recopilar y enviar datos de los sensores. Además, se definirá la utilización estratégica de estos datos para proporcionar información en tiempo real a conductores y mejorar la gestión del tráfico y la seguridad vial.

- Estudio previo de cada sección de la carretera para la instalación precisa de sensores.
- Interpretación de líneas, semáforos, pasos de cebra, señales de tránsito, movimientos y temperatura.

7. Pruebas y Ajustes

Se llevarán a cabo pruebas exhaustivas para garantizar el correcto funcionamiento de los sensores y la efectividad del asfalto inteligente. Se realizarán ajustes según sea necesario para mejorar la precisión y eficacia del sistema.

- Configuración de la infraestructura de comunicación y red para recopilar y enviar datos de los sensores.
- Establecimiento de la utilización de los datos para mejorar el flujo de tráfico y la seguridad.

8. Mantenimiento y Actualizaciones

El mantenimiento regular será esencial para asegurar el funcionamiento continuo del sistema y de los sensores. Se planificarán actualizaciones de software y hardware para mejorar el rendimiento y la eficacia del asfalto inteligente. Además, se establecerá un protocolo de limpieza para mantener una conducción eficiente de electricidad y datos.

- Verificación del correcto funcionamiento de los sensores.
- Ajustes necesarios para mejorar la precisión y eficacia del sistema.

9. Consideraciones Finales

La efectividad del asfalto inteligente dependerá de diversos factores, incluyendo la cantidad de tráfico, la calidad de los materiales y las condiciones ambientales. Por lo tanto, se recomienda un mantenimiento regular que incluya inspecciones periódicas, revisión y reemplazo de sensores defectuosos, actualizaciones de software y hardware, y limpieza de la superficie para mantener un funcionamiento óptimo. Se llevará a cabo una evaluación continua del sistema y se establecerá un plan de mantenimiento adaptado a las necesidades específicas del proyecto.

- Mantenimientos regulares en el sistema y sensores.

- Actualizaciones de software y hardware para mejorar el rendimiento.
- Evaluación del sistema y establecimiento de un plan de mantenimiento adaptado a las necesidades del proyecto.

Estrategia de ejecución del asfalto inteligente
ITSNET, S. L.

Diseño y planificación: En esta etapa se realizarán los diseños y planificación necesaria para la instalación del asfalto inteligente, incluyendo la ubicación, la cantidad de sensores a utilizar, el tipo de sensores y la tecnología de conectividad que se utilizará en la maqueta.

Adquisición de permisos y financiamiento: Antes de comenzar con la instalación del asfalto inteligente, se deben obtener los permisos necesarios de las autoridades competentes. También se debe asegurar el financiamiento de la maqueta del proyecto a través de inversores, fondos de inversión, bancos de desarrollo u otras fuentes de financiamiento.

Preparación del terreno: Antes de instalar el asfalto inteligente, es necesario preparar el terreno para asegurar una base sólida y uniforme de asfalto. Esto puede incluir la nivelación del terreno y la compactación del suelo.

Instalación del asfalto inteligente: Una vez que el terreno está preparado, se procederá a la instalación del asfalto inteligente con los sensores correspondientes. Asegurarse de que la mezcla del aditivo conductivo y el asfalto esté en las proporciones correctas y que la instalación se realice de manera uniforme.

Pruebas y ajustes: Después de la instalación, hay que realizar pruebas para verificar el correcto funcionamiento de los sensores y la conectividad del sistema. Realizar ajustes si es necesario.

Implementación: Una vez que el asfalto inteligente ha sido instalado y probado, se puede proceder a la implementación de las diferentes aplicaciones que se han desarrollado. Esto puede incluir la monitorización del tráfico, la gestión del estacionamiento, la reducción de la contaminación y otros servicios inteligentes.

Mantenimiento: Es importante asegurarse del mantenimiento regular del asfalto inteligente para asegurar su correcto funcionamiento. Esto incluye el monitoreo regular de los sensores, la reparación de cualquier daño o desgaste, y la actualización del software y la tecnología.

Evaluación y mejora continua: Finalmente, se debe realizar una evaluación regular del desempeño del asfalto inteligente y realizar mejoras continuas para maximizar su eficiencia y utilidad.

Ajustes y modificaciones en función de las necesidades
y objetivos específicos del proyecto

Registrar el proyecto como patente o marca comercial. Presentar una solicitud ante la oficina de patentes y marcas registradas correspondiente en el país. El proyecto incluye obras creativas de diseño gráfico y literatura, se procederá a registrar los derechos de autor de las obras.

Pedir a cualquier persona o empresa que trabaje en el proyecto que firme el acuerdo de confidencialidad, con el fin de proteger la información confidencial relacionada al proyecto.

Licenciar el proyecto a otras empresas o individuos bajo un acuerdo de licencia escrito que establezca términos y condiciones de uso del proyecto. Asesoramiento legal de un abogado especializado en propiedad intelectual para garantizar que se tomen todas las medidas necesarias para proteger los derechos de autor y propiedad intelectual.

APROBACIÓN Y PERMISOS

La aprobación del proyecto de asfalto inteligente dependerá de las normativas y regulaciones locales y nacionales, así como de las políticas y prioridades de las diferentes instituciones encargadas de la regulación y supervisión de las carreteras e infraestructuras viales de un país como es el Ministerio de Transporte y la Agencia Nacional de Infraestructura.

También se debe contar con el Departamento de Tránsito que regulan el tráfico en las carreteras y la seguridad vial.

Al implementar un sistema de gestión de energía, es prioritario tener la aprobación de las agencias de energía y servicios públicos, como la aprobación por parte de las autoridades ambientales, ya que se debe tener cuidado de causar el menor impacto en el medio ambiente. Las instituciones que pueden interesarse en este proyecto y proporcionar apoyo técnico y financiero son las universidades o centros de investigación.

Posibles fallos que podrían ocurrir con el asfalto inteligente

1.   Fallas en los sensores: los sensores pueden fallar debido a problemas de conectividad, problemas de energía o problemas de calibración.
2.   Fallas en la transmisión de datos: la transmisión de datos a través del asfalto inteligente puede verse interrumpida por interferencias, problemas de red o problemas de conectividad.
3.   Problemas de seguridad: el asfalto inteligente puede ser vulnerable a ataques informáticos o hackeos que pueden comprometer la seguridad de los datos o del sistema en general.

Para solucionar estos problemas, se implementarán medidas de seguridad y control de calidad adecuadas durante la fabricación, instalación y mantenimiento del asfalto inteligente. Además, se deben realizar pruebas y auditorías regulares para detectar y solucionar cualquier problema en el sistema. También se pueden implementar medidas de seguridad cibernética y encriptación de datos para proteger la privacidad y seguridad de los datos transmitidos por el asfalto inteligente.

Medidas de seguridad y control de calidad durante la fabricación, instalación y mantenimiento del asfalto inteligente

Fabricación

• Establecer protocolos de seguridad para la manipulación y mezcla del aditivo conductivo.
• Realizar pruebas de calidad en el aditivo conductivo para asegurarse de que cumpla con las especificaciones técnicas.

• Capacitar a los trabajadores en el manejo seguro de los materiales y en el proceso de fabricación.

Instalación

• Establecer medidas de seguridad en el área de trabajo para proteger a los trabajadores y a los usuarios de la vía.
• Realizar prueba de continuidad eléctrica en el asfalto para asegurarse de que el aditivo conductivo esté correctamente instalado y funcione adecuadamente.
• Realizar pruebas de calibración en los sensores para asegurarse de que funcionan correctamente y proporcionan datos precisos.

Mantenimiento

• Realizar inspecciones periódicas del asfalto para detectar cualquier daño o irregularidad en la superficie.
• Realizar pruebas de continuidad eléctrica en el asfalto durante el mantenimiento para asegurarse de que la conductividad esté en buenas condiciones.
• Realizar pruebas de calibración en los sensores durante el mantenimiento para asegurarse de que sigan funcionando correctamente.

Medida de seguridad cibernética y encriptación de datos

Estás medidas pueden ayudar a garantizar la seguridad y calidad del asfalto inteligente durante todo el proceso, desde la fabricación hasta el mantenimiento, medida de seguridad cibernética y encriptación de datos para proteger la privacidad y seguridad de los datos transmitidos por el asfalto inteligente.

1. Encriptación de datos.
Todos los datos transmitidos por el asfalto inteligente deben ser encriptados para garantizar la privacidad y seguridad de la información. Se recomienda utilizar algoritmos de encriptación robustos y actualizados, como A E S - 256.

2. Certificados SSL/TLS

Todos los servidores y dispositivos conectados al asfalto inteligente deben contar con certificados SSL/TLS para garantizar la autenticidad y privacidad de la comunicación. Además, se deben utilizar conexiones HTTPS para evitar ataques de tipo man in the middle.

3. Control de acceso

El acceso a los dispositivos y servidores conectados al asfalto inteligente debe ser restringido y controlado mediante medidas de autenticación y autorización. Se recomienda el uso de contraseñas robustas, autenticación de dos factores y la creación de usuarios con permisos específicos.

4. Actualizaciones de seguridad

Es importante mantener actualizados todos los dispositivos y servidores conectados al asfalto inteligente con las últimas actualizaciones de seguridad y parches de vulnerabilidades.

5. Auditorías de seguridad

Realizar auditorías de seguridad periódicas para identificar posibles brechas de seguridad y asegurar que se estén aplicando las medidas de seguridad adecuadas.

6. Backup y recuperación de datos

Implementar un sistema de backup y recuperación de datos para garantizar que los datos críticos estén protegidos en caso de fallas o ataques cibernéticos.

7. Capacitación en seguridad cibernética

Todos los empleados y personal involucrado en el proyecto deben recibir capacitación en seguridad cibernética y estar al tanto de las mejores prácticas para proteger la privacidad y seguridad de los datos transmitidos por el asfalto inteligente.

Plan de financiamiento para el proyecto de asfalto inteligente

1. Financiamiento a través de fondos de inversión

Buscar financiamiento a través de fondos de inversión especializados en tecnologías sostenibles y de infraestructura vial. Estos fondos pueden proporcionar el capital necesario para financiar el proyecto, a cambio de una participación en el mismo.

2.   Préstamos de bancos de desarrollo

Los bancos de desarrollo ofrecen préstamos a proyectos de infraestructura que tengan un impacto positivo en el desarrollo económico y social de una región. Se pueden solicitar préstamos para financiar la implementación del asfalto inteligente.

3.   Asociación público-privada (APP)

Las asociaciones público-privadas son una alternativa para financiar proyectos de infraestructura, donde el sector privado y el sector público se unen para desarrollar y financiar el proyecto. En este caso, se puede buscar un socio privado que aporte capital y experiencia en la implementación de proyectos de tecnología vial.

4.   Financiamiento a través de subvenciones

Organismos internacionales y gobiernos pueden ofrecer subvenciones para proyectos que contribuyan a la sostenibilidad y el desarrollo. Se pueden buscar estas subvenciones para financiar el proyecto de asfalto inteligente.

Capitulo 6

Suelos Inteligentes. Levitación

Crear un sistema que permita la levitación de objetos metálicos sobre el suelo es una idea fascinante que implicaría la combinación de principios de la física, la ingeniería y la nanotecnología. Aunque actualmente no existen tecnologías que permitan una levitación generalizada de objetos a gran escala sobre cualquier superficie, podemos explorar algunos conceptos teóricos y posibles enfoques para alcanzar esta visión futurista.

Magnetismo y Superconductividad

Una de las vías más prometedoras para lograr la levitación de objetos sobre el suelo es a través de la combinación de campos magnéticos y superconductividad. Los superconductores son materiales que pueden conducir corriente eléctrica sin resistencia, y cuando se enfrían a temperaturas muy bajas, exhiben el efecto Meissner, que expulsa los campos magnéticos. Utilizar superconductores y potentes imanes podría permitir la levitación controlada.

Magnetismo y Superconductividad
Levitación de Objetos

La investigación en el campo de la levitación magnética mediante la combinación de campos magnéticos y superconductividad ha despertado un interés significativo en la comunidad científica. Este enfoque revolucionario busca superar las limitaciones convencionales de transporte y movilidad al eliminar la necesidad de ruedas, ofreciendo una perspectiva futurista de vehículos y dispositivos que flotan sobre superficies designadas.

Superconductores y el Efecto Meissner

Los superconductores, materiales capaces de transportar corriente eléctrica sin resistencia, son la columna vertebral de esta visión. Cuando estos materiales se enfrían a temperaturas extremadamente bajas, entran en un estado superconductor y exhiben el fenómeno conocido como el efecto Meissner. Este efecto resulta en la expulsión completa de los campos magnéticos del interior del superconductor, generando un entorno propicio para la manipulación controlada de campos magnéticos externos.

Diseño de Sistemas de Levitación

El primer paso crucial en la implementación de esta tecnología sería incorporar superconductores en los objetos que se pretenden levitar, como vehículos o incluso calzado. Estos objetos podrían estar equipados con recubrimientos superconductores que permitirían la interacción magnética necesaria para la levitación. A su vez, las carreteras y superficies urbanas deberían incorporar materiales que potencien la generación y manipulación de campos magnéticos.

Selección de Materiales y Nanotecnología

La elección de materiales desempeñaría un papel fundamental en la eficacia de este sistema. Se podrían utilizar superconductores de alta temperatura crítica para hacer frente a las limitaciones asociadas con la necesidad de temperaturas extremadamente bajas. Además, la integración de nanomateriales en la estructura de los superconductores podría mejorar la eficiencia energética y permitir un control más preciso de la levitación.

Electromagnetismo Dinámico y Control Avanzado

Para optimizar la estabilidad y la capacidad de maniobra, la implementación de un sistema de electromagnetismo dinámico sería esencial. Este sistema permitiría ajustar los campos magnéticos de manera dinámica, adaptándose a las condiciones cambiantes del entorno y las preferencias del usuario. Algoritmos avanzados de control garantizarían una respuesta rápida y precisa, mejorando así la seguridad y la eficiencia del transporte levitante.

Desafíos Tecnológicos y Consideraciones Ambientales

No obstante, es crucial abordar desafíos tecnológicos significativos, como la búsqueda de superconductores más prácticos y asequibles, así como la optimización de la infraestructura urbana para la implementación de esta tecnología. Además, se deben considerar cuidadosamente los impactos ambientales y la sostenibilidad de los materiales utilizados, con el fin de garantizar que esta innovación no solo sea revolucionaria, sino también respetuosa con el medio ambiente.

La combinación de magnetismo y superconductividad ofrece una perspectiva emocionante para la levitación de objetos sobre el suelo. A medida que la investigación avanza y se superan los desafíos tecnológicos, podríamos estar ante un cambio de paradigma en la movilidad, donde los vehículos y los objetos cotidianos flotan sin esfuerzo, transformando la manera en que nos desplazamos en entornos urbanos.

Desarrollo de Superficies Específicas

Sería necesario desarrollar superficies especiales en carreteras y calles que incorporen partículas ferrosas o imantadas, lo que permitiría la interacción adecuada con los objetos metálicos que desean levitar. Estas superficies podrían diseñarse para optimizar la estabilidad y el control de la levitación.

Desarrollo de Superficies para Levitación Magnética

La creación de una infraestructura adecuada para la levitación magnética de objetos metálicos plantea desafíos intrigantes que involucran conceptos avanzados de física y ingeniería de materiales. La clave reside en el diseño meticuloso de superficies específicas que favorezcan la interacción magnética necesaria para la levitación controlada.

Incorporación de Partículas Ferrosas e Imantadas

En primer lugar, para lograr la levitación magnética, se propone la integración de partículas ferrosas o imantadas en las superficies de carreteras y calles. Estas partículas actuarían como agentes que responderían a los campos magnéticos generados por los objetos metálicos que buscan levitar. La selección cuidadosa de estas partículas se convertiría en un punto crítico para asegurar una interacción magnética eficiente y predecible.

Optimización de la Estabilidad y el Control

El diseño de las superficies no se limitaría simplemente a la inclusión de partículas magnéticas; se buscaría una optimización completa para garantizar estabilidad y control. La disposición espacial precisa de estas partículas en la matriz de la superficie debería ser calculada para maximizar la capacidad de levitación y minimizar cualquier posible desviación no deseada. Este enfoque requeriría el uso de modelos computacionales avanzados y técnicas de simulación para predecir con precisión el comportamiento magnético de las partículas y su interacción con los objetos metálicos.

Materiales Avanzados y Nanotecnología

La selección de materiales para la construcción de estas superficies sería un componente crítico. La implementación de nanotecnología permitiría la manipulación a nivel molecular, asegurando propiedades específicas que mejorarían la eficacia del proceso de levitación.

Materiales avanzados, como polímeros magnéticos o compuestos nanoestructurados, podrían ser explorados para mejorar la durabilidad, resistencia y eficiencia del sistema.

Control de Temperatura y Medio Ambiente

Además, se requeriría un control preciso de la temperatura ambiente, ya que esta puede afectar significativamente la eficiencia de los superconductores y, por ende, la capacidad de levitación.

La investigación se centraría en desarrollar sistemas de regulación térmica que aseguren condiciones óptimas de levitación en diversas condiciones climáticas.

Integración con Tecnologías Emergentes

La integración de estas superficies de levitación magnética con tecnologías emergentes, como la inteligencia artificial y la conectividad vehicular, permitiría una adaptación dinámica a las condiciones del tráfico y optimizaría la seguridad. Sensores integrados en la infraestructura podrían proporcionar datos en tiempo real sobre la posición y velocidad de los vehículos levitantes, permitiendo ajustes instantáneos en los campos magnéticos.

Desafíos y Consideraciones Éticas

No obstante, la implementación de estas superficies no está exenta de desafíos, como la necesidad de inversiones significativas en infraestructura y la consideración de los posibles impactos ambientales. Además, cuestiones éticas relacionadas con la privacidad y la seguridad deberían abordarse meticulosamente para garantizar la aceptación y la integración armoniosa en la sociedad.

En síntesis, el desarrollo de superficies específicas para la levitación magnética implica una fusión de ciencia, ingeniería y tecnologías avanzadas. La creación de estas infraestructuras futuristas abriría un nuevo capítulo en la movilidad, llevándonos hacia un futuro donde la levitación magnética se convierte en una realidad en nuestras vidas diarias.

Nanoestructuras y Nanomateriales

El uso de nanoestructuras y nanomateriales podría ser crucial para la implementación de esta tecnología. Al diseñar partículas nanoferrosas que reaccionen a campos magnéticos, se podría lograr un control preciso sobre la levitación. Además, los nanomateriales podrían conferir propiedades mecánicas y resistencia necesarias para soportar la carga de vehículos y personas.

Nanotecnología en la Levitación Magnética

La aplicación de nanotecnología en la implementación de sistemas de levitación magnética representa un paso audaz hacia el futuro de la movilidad. Este enfoque no solo implica la miniaturización de estructuras a escala nanométrica, sino también la ingeniería precisa de materiales que redefinirían los límites de la levitación magnética.

Diseño de Nanoestructuras Reactivas

El corazón de esta propuesta radica en el diseño y fabricación de nanoestructuras especialmente diseñadas para reaccionar a campos magnéticos de manera altamente controlada. Imaginemos partículas nanoferrosas meticulosamente elaboradas con propiedades magnéticas excepcionales. Estas nanoestructuras se diseñarían para responder de manera específica a los campos magnéticos externos, permitiendo así una modulación precisa de la distancia de levitación y la estabilidad del objeto metálico sobre la superficie.

Control Dinámico de la Levitación

La incorporación de nanoestructuras no se limitaría simplemente a una respuesta estática ante los campos magnéticos. Más bien, se exploraría la posibilidad de un control dinámico, donde las propiedades magnéticas de las nanoestructuras se ajustarían en tiempo real, permitiendo una adaptación instantánea a las condiciones variables del entorno. Este enfoque dinámico garantizaría un control óptimo y una respuesta rápida a situaciones imprevistas.

Propiedades Mecánicas y Resistencia Mejoradas

Además de su función magnética, los nanomateriales también desempeñarían un papel crucial en la resistencia y estabilidad estructural del sistema de levitación. La ingeniería de nanomateriales avanzados, como compuestos de carbono nanoestructurados o polímeros magnéticos reforzados, proporcionaría propiedades mecánicas excepcionales. Estos nanomateriales no solo serían ligeros, sino también increíblemente resistentes, capaces de soportar las cargas dinámicas asociadas con vehículos y la actividad humana cotidiana.

Desafíos y Consideraciones Tecnológicas

A pesar de las prometedoras posibilidades, el uso de nanotecnología en la levitación magnética plantea desafíos tecnológicos significativos. La síntesis controlada de nanoestructuras a gran escala, la garantía de la estabilidad térmica y la minimización de posibles efectos secundarios, como la aglomeración de partículas, serían aspectos críticos a abordar. La colaboración interdisciplinaria entre la nanotecnología, la física de materiales y la ingeniería sería esencial para superar estos desafíos.

Perspectivas Éticas y Ambientales

Además de los desafíos técnicos, se deben considerar las implicaciones éticas y ambientales de la nanotecnología en la movilidad. La seguridad y la salud humana, así como el impacto ambiental de los nanomateriales utilizados, deberían ser objeto de una evaluación exhaustiva y continua para garantizar la aceptación pública y la sostenibilidad a largo plazo.

La aplicación de nanoestructuras y nanomateriales en la levitación magnética representa un salto significativo hacia una movilidad más avanzada y eficiente. A medida que la investigación en nanotecnología avanza, se despliegan nuevas posibilidades para transformar la manera en que interactuamos con el entorno, llevándonos un paso más cerca de hacer realidad la levitación magnética en la vida cotidiana.

Electromagnetismo Dinámico

Implementar un sistema de electromagnetismo dinámico podría ofrecer control y estabilidad. Ajustar los campos magnéticos en tiempo real podría permitir cambios rápidos en la altitud y la dirección de la levitación, lo que es esencial para la movilidad y la seguridad.

Electromagnetismo Dinámico en la Levitación Magnética

La incorporación de un sistema de electromagnetismo dinámico en la tecnología de levitación magnética representa una evolución notable en la búsqueda de una movilidad más avanzada y adaptable. Este enfoque no solo implica la generación estática de campos magnéticos, sino que introduce la capacidad de ajustar estos campos en tiempo real, lo que promete niveles sin precedentes de control y estabilidad.

Control Dinámico de Campos Magnéticos

La esencia del electromagnetismo dinámico radica en la capacidad de ajustar los campos magnéticos generados en tiempo real. Esto se lograría mediante sistemas de control sofisticados que responderían a factores como la velocidad, la dirección y las condiciones del entorno. Imaginemos un vehículo o un objeto metálico que, en lugar de depender de un campo magnético estático, pueda adaptar dinámicamente su levitación para sortear obstáculos, variaciones en el terreno o cambiar la altitud de manera instantánea.

Optimización de la Altitud y Dirección de Levitación

La capacidad de realizar ajustes dinámicos en los campos magnéticos se traduce directamente en la optimización de la altitud y la dirección de la levitación. Esto resulta esencial en entornos urbanos, donde las condiciones de tráfico y los obstáculos pueden cambiar. Un sistema de electromagnetismo dinámico permitiría que los vehículos o los objetos levitantes se adapten de manera inteligente a estas situaciones, mejorando la eficiencia y seguridad de la movilidad magnética.

Tecnologías de Retroalimentación en Tiempo Real

La implementación exitosa de electromagnetismo dinámico requeriría el uso de tecnologías avanzadas de retroalimentación en tiempo real. Sensores integrados en el objeto levitante y en la infraestructura circundante proporcionarían datos continuos sobre el entorno y las condiciones de levitación. Algoritmos de control complejos analizarían estos datos para ajustar los campos magnéticos de manera precisa y en tiempo real, asegurando una respuesta instantánea y adaptativa.

Desarrollo de Algoritmos de Control Avanzados

La clave reside en el desarrollo de algoritmos de control avanzados. Estos algoritmos deberían ser capaces de procesar información compleja y tomar decisiones rápidas para garantizar una levitación estable y segura. La inteligencia artificial podría desempeñar un papel crucial en la mejora continua de estos algoritmos, permitiendo una adaptación aún más sofisticada a diferentes situaciones y escenarios.

Desafíos Técnicos y Consideraciones de Seguridad

A pesar de las prometedoras perspectivas, la implementación de electromagnetismo dinámico enfrentaría desafíos técnicos, como la necesidad de sistemas de control altamente precisos y la minimización de posibles interferencias electromagnéticas. Además, las consideraciones de seguridad serían fundamentales, con la necesidad de garantizar que los ajustes dinámicos no comprometan la estabilidad del sistema ni pongan en riesgo la integridad de los usuarios.

La introducción del electromagnetismo dinámico en la levitación magnética marca un avance significativo hacia una movilidad más inteligente y adaptable. A medida que la investigación en esta área progresa, podríamos estar presenciando el surgimiento de tecnologías que no solo desafían las limitaciones tradicionales de transporte, sino que también establecen un nuevo estándar en la interacción entre los objetos levitantes y su entorno en constante cambio.

Fuente de Energía Eficiente

Este sistema requeriría una fuente de energía eficiente y sostenible para alimentar los electromagnetos y mantener las temperaturas bajas necesarias para la superconductividad. Tecnologías como las celdas de combustible, baterías avanzadas o incluso la captura de energía ambiental podrían ser opciones a considerar.

Fuente de Energía para Levitación Magnética

La viabilidad a largo plazo de la levitación magnética depende de la elección y el desarrollo de fuentes de energía eficientes y sostenibles. La operación constante de electromagnetos y la necesidad de mantener temperaturas extremadamente bajas para aprovechar la superconductividad presentan desafíos energéticos significativos que requieren soluciones innovadoras respaldadas por la ciencia y la ingeniería.

Superconductores y Requisitos Energéticos

La base de la levitación magnética radica en la utilización de superconductores, los cuales, para mantener su estado superconductor, deben ser enfriados a temperaturas criogénicas. Este proceso, aunque es esencial para la eficacia del sistema, conlleva demandas energéticas considerables. La fuente de energía elegida deberá ser capaz de suministrar una cantidad constante de energía para sostener el funcionamiento continuo de los electromagnetos y los sistemas de refrigeración.

Celdas de Combustible

Una opción prometedora es la implementación de celdas de combustible. Estas convierten la energía química directamente en electricidad mediante la reacción controlada de un combustible con un oxidante. La eficiencia y la limpieza de este proceso hacen que las celdas de combustible sean una candidata atractiva para alimentar sistemas de levitación magnética. Además, su capacidad para proporcionar energía de manera continua hace frente a la demanda constante de energía.

Baterías Avanzadas

Las baterías avanzadas también emergen como una alternativa plausible. Investigaciones en curso están orientadas hacia el desarrollo de baterías de alta capacidad y densidad energética, capaces de mantener el suministro de energía requerido para la levitación magnética durante períodos prolongados. Tecnologías como las baterías de estado sólido o las baterías de flujo redox podrían ofrecer soluciones a medida que avanzamos hacia fuentes de energía más sostenibles y eficientes.

Captura de Energía Ambiental

Explorar la captura de energía ambiental representa un enfoque innovador y respetuoso con el medio ambiente. La levitación magnética podría aprovechar la energía cinética generada por el movimiento de los vehículos o incluso la energía electromagnética residual en el entorno. Dispositivos de captura de energía, como sistemas piezoeléctricos o tecnologías de recolección de energía electromagnética, podrían convertirse en elementos complementarios para reducir la dependencia de fuentes de energía externas.

Investigación en Sistemas Híbridos

Además, la investigación en sistemas híbridos que combinan múltiples fuentes de energía podría ser clave. La sinergia entre celdas de combustible, baterías avanzadas y tecnologías de captura de energía ambiental podría ofrecer una solución completa que aborda tanto los requisitos energéticos como las consideraciones medioambientales.

Consideraciones Medioambientales y Sostenibilidad

Al evaluar las opciones de fuente de energía, es imperativo considerar las implicaciones medioambientales y la sostenibilidad a largo plazo. Importante tomar en cuenta soluciones energeticas renovables. La huella de carbono, la disponibilidad de materias primas y la capacidad de reciclaje de los componentes de estas fuentes de energía son factores cruciales que deben tenerse en cuenta para garantizar la integridad ecológica de la levitación magnética.

La elección de una fuente de energía eficiente y sostenible es fundamental para hacer realidad la levitación magnética en la movilidad cotidiana. El enfoque científico hacia la búsqueda de soluciones energéticas innovadoras no solo garantizará el funcionamiento confiable del sistema, sino que también contribuirá al desarrollo de tecnologías más sostenibles en el panorama de la movilidad avanzada.

Control y Estabilidad en la Levitación Magnética

Un sistema de levitación magnética funcional y seguro implica la aplicación de algoritmos de control y estabilidad, una tarea esencial en la intersección de la física, la ingeniería y la informática. Estos algoritmos no solo deben ser capaces de mantener la estabilidad del objeto levitante, sino también de adaptarse de manera inteligente a las variables dinámicas del entorno, garantizando un viaje suave y seguro.

Diseño de Algoritmos Adaptativos

La esencia de estos algoritmos radica en su capacidad para adaptarse a situaciones cambiantes en tiempo real. Esto implica la integración de modelos matemáticos complejos que representen la dinámica del sistema de levitación, considerando factores como la velocidad, la dirección del viento, las irregularidades en el terreno y la presencia de otros objetos en el entorno. Algoritmos adaptativos permitirían ajustes continuos en los campos magnéticos para mantener la estabilidad y responder a las condiciones variables.

Sensores Integrados y Datos en Tiempo Real

El papel de los sensores integrados en los vehículos y la infraestructura es crucial para proporcionar datos en tiempo real. Estos sensores, que podrían incluir tecnologías como lidar, radar y cámaras avanzadas, capturan información detallada sobre la posición, velocidad y condiciones del entorno. Estos datos alimentan continuamente los algoritmos de control, permitiendo ajustes precisos en los campos magnéticos para contrarrestar cualquier perturbación y mantener la estabilidad deseada.

Redes Neuronales y Aprendizaje Automático

La implementación de redes neuronales y técnicas de aprendizaje automático podría llevar la adaptabilidad de los algoritmos a un nivel superior. Estos sistemas de inteligencia artificial serían capaces de aprender y mejorar su rendimiento a lo largo del tiempo, ajustando sus respuestas a situaciones específicas basadas en la experiencia pasada.

La capacidad de predicción mejorada de estos modelos permitiría una anticipación eficiente de las condiciones cambiantes y una respuesta proactiva para mantener la estabilidad.

Simulaciones y Modelado Avanzado

El desarrollo de algoritmos de control y estabilidad requeriría una fase significativa de simulaciones y modelado avanzado. La creación de entornos virtuales que simulan condiciones del mundo real permitiría probar y refinar los algoritmos en un entorno controlado antes de la implementación práctica. Esto garantizaría la eficacia y seguridad del sistema en diversas situaciones y escenarios.

Coordinación Vehículo-Infraestructura

La sincronización entre los vehículos levitantes y la infraestructura también sería esencial. La comunicación bidireccional entre los vehículos y la red de sensores integrados en la infraestructura permitiría una coordinación más efectiva. Esto facilitaría la anticipación y corrección conjunta de condiciones adversas, mejorando la estabilidad del sistema en su conjunto.

Consideraciones de Seguridad y Resiliencia

Además de optimizar la estabilidad, se deben abordar consideraciones de seguridad y resiliencia. Los algoritmos de control deben incluir mecanismos de seguridad que respondan de manera efectiva a posibles fallas en el sistema o situaciones de emergencia, garantizando la protección de los usuarios y la integridad del entorno circundante.

El desarrollo de algoritmos avanzados de control y estabilidad para la levitación magnética es esencial para garantizar una experiencia de viaje segura y cómoda. Este enfoque científico integrado, que aprovecha la inteligencia artificial, los sensores avanzados y la simulación computacional, allana el camino hacia la materialización de una movilidad revolucionaria y eficiente en la era de la levitación magnética. El futuro se abre ante nosotros.

Control y Estabilidad

Desarrollar algoritmos avanzados de control y estabilidad sería esencial para garantizar un viaje seguro y cómodo. Sensores integrados en los vehículos y en la infraestructura podrían proporcionar datos en tiempo real para ajustar los campos magnéticos y garantizar la estabilidad.

Aspectos Socioeconómicos y Ambientales

Además de los desafíos tecnológicos, también se deben abordar los aspectos socioeconómicos y ambientales. La implementación de esta tecnología tendría impactos significativos en la infraestructura urbana, la planificación del transporte y la sostenibilidad. La introducción de la levitación magnética como tecnología disruptiva no solo conlleva desafíos tecnológicos, sino que también plantea consideraciones profundas en términos de impacto socioeconómico y ambiental. Un análisis científico integral es esencial para anticipar y abordar de manera efectiva estos aspectos cruciales, asegurando una integración armoniosa de esta innovación en el tejido de nuestras ciudades y sociedades.

Impacto en la Infraestructura Urbana

La transición hacia sistemas de levitación magnética transformaría la cara de la infraestructura urbana. La necesidad de implementar superficies específicas para la levitación y la integración de tecnologías avanzadas en carreteras y calles requeriría una revisión completa de la infraestructura existente. Estudios de ingeniería civil y planificación urbana serían esenciales para comprender cómo esta transformación afectaría la conectividad, la accesibilidad y la funcionalidad de las ciudades.

Planificación del Transporte

La implementación de la levitación magnética tendría un impacto directo en la planificación del transporte a nivel urbano y regional. La redefinición de rutas, la incorporación de estaciones de levitación y la adaptación de la red de transporte público requerirían una planificación estratégica. Modelos predictivos basados en datos socioeconómicos y demográficos serían fundamentales para anticipar la demanda y optimizar la eficiencia del sistema de levitación magnética en el contexto del transporte público y privado.

Sostenibilidad y Consideraciones Ambientales

La sostenibilidad en el uso de recursos y la gestión ambiental se erigen como aspectos cruciales en la adopción de la levitación magnética.

La fabricación de infraestructuras específicas, la producción de materiales avanzados y el mantenimiento de la tecnología deberían evaluarse desde una perspectiva de ciclo de vida. Además, se deben realizar evaluaciones de impacto ambiental para comprender completamente cómo la levitación magnética contribuiría o modificaría los patrones ecológicos y climáticos locales.

Impacto Socioeconómico

La introducción de sistemas de levitación magnética también tendría consecuencias socioeconómicas significativas. La creación de empleo en sectores relacionados con la fabricación, instalación y mantenimiento de la infraestructura sería un beneficio económico. Sin embargo, se requerirían medidas específicas para mitigar cualquier impacto negativo, como la reestructuración de empleos vinculados a tecnologías de transporte convencionales.

Equidad en el Acceso

Se deben abordar preocupaciones relacionadas con la equidad en el acceso a esta tecnología. Asegurar que la levitación magnética esté disponible y sea asequible para todos los segmentos de la sociedad es esencial para evitar disparidades en la movilidad y el acceso a oportunidades. Políticas de inclusión y diseño equitativo serían componentes cruciales en la implementación de esta tecnología.

Desarrollo de Políticas y Normativas

La adopción de la levitación magnética requeriría el desarrollo de políticas y normativas específicas. Establecer estándares de seguridad, regulaciones de tráfico y políticas de privacidad asociadas con la tecnología sería imperativo. La colaboración entre gobiernos, instituciones científicas y la industria sería crucial para desarrollar marcos normativos que fomenten la innovación y al mismo tiempo salvaguarden los intereses públicos.

El análisis científico integral de los aspectos socioeconómicos y ambientales es esencial para guiar la implementación de la levitación magnética. Este enfoque aseguraría que la innovación no solo transforme la movilidad, sino que también contribuya positivamente al bienestar de la sociedad y al cuidado del medio ambiente.

Levitación Magnética

La noción de levitar objetos metálicos sobre el suelo, aunque actualmente reside en el ámbito de la ciencia ficción, abre un fascinante campo de exploración científica y tecnológica. Este concepto, que involucra una sinergia de tecnologías avanzadas, desde la superconductividad hasta la nanotecnología y la ingeniería de materiales, promete redefinir nuestra percepción y experiencia de la movilidad. Exploraremos no solo los avances tecnológicos que podrían hacer posible esta visión futurista, sino también los aspectos éticos, sociales y ambientales que se deben tener en cuenta en la búsqueda de esta transformación radical.

Avances Tecnológicos Clave

En el núcleo de la levitación magnética se encuentran avances tecnológicos clave. La superconductividad, que permite la conducción de corriente sin resistencia, se presenta como un elemento fundamental. Avances en la investigación de materiales superconductores a temperaturas más altas podrían allanar el camino para sistemas más eficientes y económicamente viables. Además, la nanotecnología ofrece la posibilidad de manipular la materia a escala molecular, permitiendo la creación de nanoestructuras y nanomateriales específicos para la levitación magnética.

Superconductividad y Nanotecnología

La mejora de la superconductividad a temperaturas más accesibles permitiría el uso más generalizado de sistemas de levitación magnética. Investigaciones en curso buscan materiales superconductores que operen a temperaturas menos extremas, facilitando la implementación práctica de esta tecnología. Paralelamente, la nanotecnología desempeña un papel crucial al permitir la creación de partículas nanoferrosas y nanomateriales con propiedades magnéticas específicas, optimizando la eficiencia de los sistemas de levitación.

Desafíos y Oportunidades Éticas

Sin embargo, esta visión futurista no puede avanzar sin una consideración cuidadosa de los desafíos éticos. La introducción de sistemas de levitación magnética plantea preguntas fundamentales sobre la privacidad, la seguridad y la equidad en el acceso. La gestión ética de la información recopilada por sensores integrados en la infraestructura y los vehículos, así como la prevención de posibles usos indebidos, serían imperativos en el desarrollo de estas tecnologías.

Impacto Social y Ambiental

El cambio hacia la levitación magnética también tendría un impacto significativo en el tejido social y ambiental. La modificación de la infraestructura urbana, aunque prometedora, debe abordarse con consideraciones sobre la accesibilidad universal y la integración en comunidades existentes. Además, la sostenibilidad y el impacto ambiental de la fabricación y el mantenimiento de estas infraestructuras requerirían una gestión cuidadosa para evitar consecuencias no deseadas.

Investigación Interdisciplinaria

La materialización de la levitación magnética requiere una colaboración interdisciplinaria extensa. La fusión de la física, la ingeniería de materiales, la nanotecnología, la informática y la ética se presenta como un enfoque integral. La investigación interdisciplinaria permitiría abordar de manera más efectiva la complejidad de los desafíos y oportunidades asociados con esta tecnología revolucionaria.

Desarrollo de Normativas y Políticas

La evolución hacia la levitación magnética también demandaría el establecimiento de normativas y políticas que guíen su implementación. La creación de marcos legales sólidos y la participación de gobiernos, instituciones científicas y la sociedad civil serían esenciales para asegurar que esta transformación se lleve a cabo de manera ética y equitativa.

La levitación magnética, aunque actualmente se encuentra en el dominio de la especulación, representa un emocionante horizonte científico y tecnológico. Al abordar tanto los desafíos tecnológicos como los aspectos éticos, sociales y ambientales, podemos allanar el camino hacia un futuro donde la levitación se convierta en una realidad tangible, transformando no solo nuestra forma de viajar, sino también nuestra comprensión de lo posible en la era de la movilidad avanzada.